이 겨
놓 고
싸우기

이겨 놓고 싸우기
—쇼펜하우어의 논쟁 36계

초판 1쇄 인쇄 2018년 2월 19일
초판 1쇄 발행 2018년 2월 26일
_

지은이 변학수
펴낸이 이방원
편 집 홍순용 · 김명희 · 이윤석 · 안효희 · 강윤경 · 윤원진
디자인 손경화 · 전계숙
마케팅 최성수
_

펴낸곳 세창출판사
신고번호 제300-1990-63호
주소 03735 서울시 서대문구 경기대로 88 냉천빌딩 4층
전화 02-723-8660   **팩스** 02-720-4579
이메일 edit@sechangpub.co.kr   **홈페이지** http://www.sechangpub.co.kr
_

ISBN 978-89-8411-738-9 03170

이 도서의 국립중앙도서관 출판시도서목록(CIP)은 서지정보유통지원시스템 홈페이지(http://seoji.nl.go.kr)와
국가자료공동목록시스템(http://www.nl.go.kr/kolisnet)에서 이용하실 수 있습니다.(CIP제어번호: CIP2018005079)

이겨 놓고 싸우기

쇼펜하우어의 논쟁 36계

변학수 지음

세창출판사

좋은 사람이든 나쁜 사람이든, 이론적으로 연구를 했든 타고난 것이든, 모든 이는 논쟁술을 이용한다. 어떤 사람이 "우리나라 정치가 혼란스러운 건 바로 당신들 국회의원들 때문입니다"라는 주장을 편다. 그때 국회의원들 중에 "네 저희들이 그렇습니다"라고 시인하는 사람은 없을 것이다. 인정한다 해 봐야 고작 "어느 정도 국회의원들의 잘못도 있지요" 정도일 것이다. 하지만 곧장 "그보다는 국민들의 정치의식 때문입니다"라고 반론을 제기할 것이다. 그러면 사람들은 "국회의원들은 항상 그런 식으로 말하더군요"라고 소리치게 될 것이다. 이런 논쟁을 하는 사람에 대해 쇼펜하우어는 그들이 어떻게 대응하는지 그 전술을 발견한 것이다.

2015년 tvN의 프로그램 「비밀독서단」은 쇼펜하우어의 『논쟁술』(『논쟁에서 이기는 38가지 방법』이라 번역된 책)에 대한 뜨거운 토론을 한다. 이 책을 읽은 조승연 씨는 다른 논객들이 "어렵다", "철학자 쇼펜하우어답지 않다", "야비하다"와 같은 말을 쏟아 내는데도 이 책을 매우 긍정적으로 평가한다. "우리가 이런 것을 쓰는 것은 야비하지만 상대편이 최소한 바닥싸움에서 이런 것을 쓸 수도 있음에 대비하고 있어야 한다." 그러나 이것은 한국의 현실로 인해 약간 물러선 생각이고 실상 쇼펜하우어는 더 공격적이고 단호하다. 논쟁술이 그저 상대가 야비하게 나올 때 방어하는 차원이 아니라 인간이라면 항상 그런 논쟁의 태도를 취한다고 말한다.

이 책은 쇼펜하우어가 『논쟁술 Eristische Dialektik』에서 말한 여러 가지 전술에 대한 해설과 사례의 적용에 관한 책이다. 경북대학교에서 〈논쟁술〉을 강의하면서 관찰한 것은 앞에서 언급한 「비밀독서단」의 패널들이 느끼는 것처럼 학생들도 이 논쟁술을 매우 부담스러워 한다는 점이다. 그것은 대부분 도덕적인 이유에서 나오는 것 같다. 인간이 진리나 공동체 사랑을 넘어 과연 논쟁에서 이기기 위해 행동할 수 있느냐는 것이 그들의 보편적인 생각이었다. 고등학교 다닐 때 칸트의 도덕률을 배우고 이순신의 희생정신만 배웠지 서희가 담판을 통해 논쟁을 어떻게 했는지는 배우지 않았기 때문이다. 그러나 논쟁술의 적용, 즉 실제사례를 체험하면서 하나둘씩 그들은 생각을 바꾸는 일이 많아졌다. 신문에서, 소설에서, 일상에서 나타나는 사례들을 보면서 그들은 부담감을 떨쳐 내었다. 그리고 '이거 놓고 싸우기'를 즐기고 활용하기까지 이르렀다.

쇼펜하우어의 논쟁술은 단순히 기술이 아니라 그의 주저인 『의지와 표상으로서의 세계』와 결을 같이하는 철학적 세계관의 결과물이다. 쇼펜하우어는 인간의 세계가 표상(사유, 의식)으로 결정되는 것이 아니라 의지(삶의 충동, 무의식)에 의해 결정된다는 것을 가르친다. 우리는 진리를 가르치고 배우지만 막상 자기에게 위험이 다가오거나 이기적인 문제에 봉착하게 되면 그 진리는 오간 데 없고 오로지 이기기 위한 의지만 난무한다. 나는 그런 세계를 학생들에게, 독자들에게 소상하게 소개하고자 한다. 이 책을 읽으면서 독자들은 '왜 내가 지금까지 억울하게 당하고만 살았지?', 반대로 '왜 내가 아내와 자녀와 부모와 동료와 소통이 되지 않았지?', 나아가 '왜 어떤 정치가는 우리를 답답하게 하지?'에 대한 대답을 얻게 될 것이다.

논쟁은 전쟁과 마찬가지로 반드시 이길 수 있는 상황을 만들어 놓고 싸워야 승리한다. 가령 "의지에 호소하라"는 명제를 이렇게 이해할 수 있다. 학교에 늦은 학생이 있다. "너 왜 늦었니?" 이에 대해 정직하게 대답하는 사람은 거의 없다. 정직하게 대답해도 그것을 곧이곧대로 믿는 선생님이 없기 때문이다. "버스가 늦어서요." 이렇게 대답해 봐야 답이 궁하긴 마찬가지다. 울먹거리며 "집에서 나오려는데 갑자기 엄마가 쓰러지셔서요." 이렇게 대답하면 그것이 진실이든 거짓이든 상관없이 선생님은 화를 내기가 쉽지 않다. 왜 그런가? 이 순간 선생님을 지배하는 것은 표상(즉 시간 맞추어서 학교에 와야 한다)이 아니라 의지(뭐 엄마가 그랬다고? 당연히 늦어질 수 있지!)이기 때문이고 학생은 선생님의 의지에 호소하였기 때문이다.

우리나라 같은 갑질하는 사회가 민주적이고 평등한 사회로 이행하기 위해서는 반드시 논쟁의 자유가 허용되어야 한다. 그러나 논쟁할 평등한 권리를 부여받았다고 해서 논쟁이 평등하게 진행되는 것은 아니다. 거기에는 단순한 말의 스칼라가 아니라 말의 벡터가

가지는 힘이 작동하고 있다. 왜냐하면 인간의 천성은 논쟁에서 반드시 이기고자 하기 때문이다. 이런 힘을 가진 권력들은 힘없는 자들에게 진리라는 것이 존재하고 정답이 존재한다고 주입식 교육을 시켜 왔다. 학교에서건 사법 기관에서건 어떤 경우도 그야말로 법적으로, 정의와 진리에 따라 사건의 옳고 그름이 결정되는 경우는 없다. 왜냐하면 우리 인간은 사건이나 사안을 진리에 따라 평가하지 않기 때문이다.

쇼펜하우어는 일찍이 이런 원리를 간파한 것 같다. 그래서 그는 정당한 수단을 쓰든 쓰지 않든 인간은 누구나 자신의 주장이 옳다는 것을 증명하려 든다고 설파하고 있다. 한번쯤 경찰서나 검찰청에 가서 진술을 해 보면 그들은 어떻게든 위압적으로 자신의 견해를 입증하려고 한다는 것을 느낄 수 있다. 자기네들이 원하는 답을 하지 않으면 괘씸죄라도 걸어 넣어 기소하려고 하는 것이 권력의 본질이다. 괘씸죄란 대 사안논증ad rem을 하지 않고 상대를 옥죄는 대인논증ad hominem이라고 보면 된다. 소위 말하면, 반성을 하지 않는다는 명목으로 죄를 뒤집어씌우는 논쟁의 일환이다. 그러므로 절대로 그들의 질문에 말려들어서는 안 된다.

쇼펜하우어에 따르면 논쟁을 할 때 인간은 절대적이고 객관적인 진리를 따르지 않는다고 한다. 그에게는 다만 상대적이고 주관적인 진리만이 있을 뿐이다. 이렇게 되면 사실상 우리는 이것을 진리라 할 수 없다. 그러나 면밀히 관찰해 보면 우리가 논쟁을 할 때 꼭 진실한 근거를 가지고 하는 것은 아니다. 진리란 것은 명확하지 않기 때문이다. 꼭 진리에 가까운 것이 있다 하더라도 시간이 지나서야 밝혀지기 때문에 논쟁에 아무런 영향을 끼칠 수 없다. 논쟁이란 살아 있는 사람이 하는 것이지 죽은 사람들이 하거나 죽은 사람을 향한 것이 아니다. '지구가 돈다'는 진리는 오랫동안 덮여 있거나 알 수도 없는 일이었고 힘에 의해 왜곡되었다. 그러나 지구가 자전한다는 것을 아는 오늘날에도 우리가 '해가 뜬다'고 말하는 것은 도대체 무슨 일인가.

쇼펜하우어가 보는 세계란 도처에서 필연적으로 그 모습을 드러내는 동기와 의지의 세계이다. 칸트가 강조한 자유 의지나 표상에 관한 모든 철학은 그가 보기에 단지 이 의지의 세계를 무시한 것이다. 표상의 철학은 인간이 자신의 개별적 행동에서도 자신을 전적으로 자유롭다고 간주하고 자신을 바꿀 수 있는 것으로 여기지만 실상은 그렇지 않다. 인간은 태어나서 죽을 때까지 반성하고 결심하지만 자신의 행동을(의지로서의 세계를) 변화시킬 수 없다. 사실 인간은 다른 사람과 구별되는 자기 자신의 성격이나 유전적인 특성은 말할 것도 없고, 다른 사람과 공통적인 욕망이나 욕동, 욕구 등에서 조금도 벗어날 수 없다.

그럼에도 불구하고 내 강의를 듣는 학생들이나 내 글을 읽는 독자들은 다음과 같은 반응을 보일 것이다. 그중 대부분의 것은 첫째, 나중에 곰곰이 생각해 보면 그런 논쟁술은 꼼수에 불과한 것이다. 둘째, 진리가 없고 사실이 없다면 학문과 정의와 법원은 왜 존재하는가? 셋째, 결국은 사회 구성원들을 비난하고 싸움을 부추겨 감정적 혼란만이 남게 된다. 이런 학생들과 독자들에게 나도 마크 트웨인이 『허클베리 핀의 모험』 서문에서 말한 것처럼 흉내 내어 이렇게 말하고 싶다.

이 논쟁술에 빠져들지 않는 자는 기소될 것이다.
이 논쟁술에서 진리를 찾으려는 자는 추방될 것이다.
이 논쟁술을 읽으며 양심의 가책을 받는 자는 총살될 것이다.

2018년 2월 1일
변학수

1

논점을
흐리는
방법들

상대가 주장하는 것의 전제조건이나
그 주장을 거부하는 방법들

1

확대해석하라

꼭 기독교인이 아니더라도 우리는 누가복음 6장 41절의 말씀을 잘 알 것이다. 거기에는 '남의 눈에 있는 티는 보면서 너의 눈 속에 있는 들보는 보지 못한다'는 책망의 말씀이 있다. 그렇다. 누구나 즐겨 인용하면서 인용할 때조차도 '상대의 눈에 있는 들보'를 책망하기 위해 사용되는 이 말을 쇼펜하우어가 논쟁술의 제일 첫 전술로 사용하는 것이 어떻게 보면 크게 이상한 일도 아니다. 사람은 누구나 '내로남불'(내가 하면 로맨스 남이 하면 불륜)하는 속성이 있는데 그것을 논쟁에 이용한 것일 뿐이다.

내가 이런 강의를 하면 학생들은 첫 순간부터 매우 당황해 한다. 그들의 표정은 한결같이 '내가 그래도 돼?' 하는 모습인데 사실은 놀랄 것도 없다. 논쟁에서는 말할 것도 없고 우리의 일상을 살펴봐도 우리는 매 순간 남을 이기기 위한 방법으로 대화를 하기 때문이다.

사실 나는 나의 학생들에게 '확대해석'을 한 적이 많다. "너희들 입으로 수백 번도 더 했을 거야. 수업 끝나고 강의실 의자들을 잘 정리해 놓겠다고!" 아니면 "내 말을 무시하는구나" 같은 말을 한다. 사실 학생들은 수백 번이나 청소하겠다고 한 적도 없고 나를 무시하지도 않았는 데도 말이다. 내가 지금 이 말을 수업시간에 사례로 들면 학생들은 웃을 것이다. 왜냐하면 교수가 자기의 '들보'를 스스로 이야기했으니까. 이들이 어쩌다 한 번이라도 9시를 넘겨 늦게 오기라도 한다면 매번 늦는다고 질책을 하는데 이것이 바로 확대해석이다.

하지만 학생들에게 자기의 경우를 말해 보라고 하면 분위기가 달라진다. 왜 그럴까? 몇 년 전 정말 기분 나쁜 사람이 신문에 났던데 다름 아닌 무토 전 일본 대사였다. 이 사람이 쓴 책 제목이 나의 기분을 며칠 동안이나 자극했다. 그 책은 『한국인으로 태어나지 않아 다행이다』이다. 그리고는 인터뷰에서 우리나라 정치와 현재 대통령을 비판하는 말을 했다. 더욱 가관인 것은 어차피 자기 책을 읽지도 않고 욕할 거라며 한국어로 번역을 허락하지도 않았다 한다. 나는 속으로 ×××! 하고는 그만두었다. 그도 바로 인간인지라 한국 사람을 폄하하기 위해 확대해석을 시도한 것이다. 도발하기 위해서는 이런 문장이 필요했던 것일 게다. 그럼 우리는 듣고만 있을 수 있을까? 아니다! 같이 대응해야 한다! 나는 속으로 '무토라는 인간이 한국인으로 태어나지 않아 다행이다!'라고 뇌까렸다.

앞으로 보여 줄 논쟁의 전술들은 쇼펜하우어가 이런 사회에서 살아가는 방법을 가르쳐 주고 있다. 그는 상대가 주장하는 것을 그대로 받아들이거나 논리적으로(사실에 따라) 합당하게 대응하지 말고 그가 주장하는 것을 과장하고, 보편적으로 해석하라고 말한다. 아니 실제로 그렇게 하라고 가르치지 않더라도 인간은 누구나 일반적으로 그렇게 하고야 만다. 다만 현실적으로 갑질하는 사람들은 권력과 변호사로 무장을 하여 대응하지만 을은 그렇게 하지 못하는 것이 다를 뿐이다. 쇼펜하우어는 이에 대한 대응책으로 상대가 나의 주장을 과장하고 그 주장에 대해 보편적으로 해석한다면 나는 주장을 제한된 의미로 축소해서 대응해야 한다고 말한다. 친구들끼리 주고받는 대화다.

A: 펜트하우스 같은 데 살면 좋겠다.

B: 펜트하우스 살아 보니 좋을 게 아무것도 없다. 늦잠 좀 자려 하면 햇빛 엄청나게 들어오지, 환기시키려고 문 열어 놓으면 새 들어오지. 혼자 전 층을 다 쓰니까 이웃 없지, 외롭지, 우울하지, 병 오지, 펜트하우스에 살면 병든다.

갑질하는 사람들은 대체로 A처럼 행동한다. 우리는 합리적으로 (사실 합리적인지 아닌지는 매우 주관적이다!) 펜트하우스 같은 데 살면 좋다고 생각하는 것이 당연한 일이다. 그러나 A는 B의 말에서 부정적인 측면을 과장하여 확대해석하고 있다. 이것은 물론 금수저가 언제나 흙수저의 논리를 지배하고 있다는 것을 풍자한다. 언제나 그렇듯 여기서 논쟁의 여지가 생긴다. 그럴 때 '을'(B)은 다음과 같이 축소 해석해야 한다.

B: 나는 그저 돈이 많으면 좋다는 뜻으로 말했을 뿐이야.

물론 이 논쟁은 B가 어이없게 당하는 모습을 보여 주려는 의도로 시작되었으므로 이런 대답을 하지는 않는다. 하지만 우리가 좀 더 눈을 들어 다르게 보면 우리의 모든 논쟁이(대화가) 그렇게 만들어졌다는 것을 쉽게 찾아볼 수 있다. 가령 다음과 같은 평범한 대화에서도 우리는 그런 확대 해석을 곧바로 찾아볼 수 있다.

남(자)친(구): 다솜아, 지금 만나.

다솜: 왜?

남친: 할 말 있어.

다솜: 오빠, 나 지금 바빠.

남친: 뭔데?

다솜: 지금 과제해야 해.

남친: 과제가 나보다 더 중요해? 아, 나는 중요하지 않다, 이거지? 과제만도 못하다 이거지?

다솜: 그게 아니라…

이런 논쟁 중에서 다솜이는 화가 난다. 분명 남친이 한 말이 옳지 않은 것 같기는 한데 뭐라고 대응을 할 수가 없기 때문이다. 무엇이 문제인지 모르면 나라도 당하고 말 것이다. 내가 말을 할 시간도 주지 않고 확대해석하는 남자 친구에게 "그게 아니라…"란 말을 반복하면서 그저 당하고 있을 수만은 없다. 무슨 말을 해야 할까. 그런데 막상 화만 나고 어떻게 해야 할지 아무런 생각이 나지 않는다. 여기서 우리는 생각을 해야 한다. 그와의 관계를 끝내든 이어 가든 그것은 차후의 문제이고 당장 시원한 말을 해야 할 것 같다. 여러 가지 전략이 있을 수 있겠지만 여기서는 축소해석으로 대응해 보겠다.

> **남친:** 아니긴 뭐가 아냐?
> **다솜:** 그 과제를 내일 아침 9시까지 제출해야 돼. 그리고 과제
>   는 질투의 대상이 아니잖아?

아주 가까이 있는 사람은 아니지만 친구들끼리 만나면 청년들은 군대나 취업 등과 같은 문제를 이야기하다가 논쟁을 하기가 쉽다. 그런 사례들을 한번 살펴보자.

> **남자:** 여자들은 군대를 안 가서 좋겠어요. 우리 남자들은 취업하
>   기가 얼마나 힘든지 아세요?
> **여자:** 혹시 안티 페미니스트이신가요?.

이 정도 되면 남자는 화가 날 것이다. 왜냐하면 여자가 남자의 말을 확대해석했기 때문이다. 그러면 남자는 이렇게 축소해석을 해야 한다.

> **남자:** 저는 페미니스트가 뭔지도 모릅니다. 우리는 지금 취업에 대해 이야기하고 있습니다.

그러면 여자는 다시 확대해석을 시도할 수 있다.

> **여자:** 님은 다른 남자들에 비해 스펙이 좋지 않으신 모양입니다.

이렇게 대응하더라도 남자는 화를 내서는 안 된다. 일부러 그런 것은 아니라 하더라도 인간은 이기심 때문에 상대의 약점을 파고들어 상대보다 자신이 지적으로 우세하다는 허영심을 발휘하고 논쟁에서 이기려고 하기 때문이다. 물론 이런 인간학적 특성은 상대만 그런 것이 아니다. 이기려는 나도 마찬가지다. 그러나 화를 내면 내 약점을 노출하는 것이기 때문에 논쟁에서 진 것이 되고 만다. 화를 내지 않고 다음과 같이 대응하는 것은 어떨까?

> **남자:** 저는 남자들이 취업할 때 여자보다 시간상으로 2년 늦어진다는 이야기를 하고 있습니다.

그렇다. 논쟁술은 싸우는 것이 아니라 품위를 지키는 일이다. 지적 허영심을 지키는 일이다. 지적 허영심이라고? 사실 지적 허영심이라면 시인을 따라갈 수가 없다. 언젠가 모 대학의 교수가 『아프니까 청춘이다』란 책을 써서 많은 인기를 얻는 것을 보았는데 이 말의 원조는 정호승 시인의 "외로우니까 사람이다"란 말이 아닐까 한다. 이것이야말로 사실 가장 큰 확대해석이다.

확대해석은 개인적인 차원을 떠나서 공공연하게 일어나는 일이다. 국세청이 어떤 기업에 대해 세무조사를 한다고 하면 일반적으로 사람들은 '조세포탈' 같은 의심을 하기 마련이며, 그렇게 되면 기업의 이미지가 훼손될 것임에 틀림없다. 이 경우 그들은 '통상적인 정기 세무조사'라며 확대해석을 경계할 것이다. 이는 연예인들도 마찬가지다. 무슨 사건이 일어나면 꼬투리를 잡히기가 일쑤다.

국민 여동생이라 불리는 아이유가 2012년 11월 10일 새벽 자신의 트위터에 은혁과 함께 찍은 사진을 올렸고, 이를 본 누리꾼들이 사진을 커뮤니티 등을 통해 올리며 논란이 일었다. 그러자 소속사는 보도 자료를 통해 "먼저 해당 사진이 공개돼 관계자 및 아이유의 팬 여러분들과 슈퍼주니어의 팬 여러분들께 심려를 끼쳐드린 점 머리 숙여 진심으로 사과드린다"고 했고, 그 뒤 "해당 사진은 아이유가 많이 아팠을 때 은혁이 병문안을 온 것"이라며 확대해석에 대한 자제를 당부했다. "새벽에 올린 사진은 아이유가 트위터 멘션을 하던 도중에 일어난 실수"라고도 하였다. 확대해석에는 이렇게 축소해석하는 것이 그 대응방법이다. 아이유를 공격하는 사람은 어떻게 할까? 당연히 확대해석해야 할 것이다.

국제적인 데로 눈을 돌려 보자. 사람 사는 데라면 항상 확대해석과 축소해석이 일어난다. 프란치스코 교황과 미국 공화당 대선주자 도널드 트럼프가 이주자 수용 문제를 놓고 날선 공방을 주고 받았다. 프란치스코 교황은 2016년 2월 17일 멕시코 방문을 마치고 바티칸으로 돌아가는 비행기 안에서 트럼프에 대한 생각을 묻는 기자들의 질문에 "다리를 놓는 게 아니라 벽을 세울 궁리만 하는 사람은 기독교인이 아니다"라고 답했다. 트럼프의 극단적인 이주자 배척과 혐오를 꼬집은 발언이었다. 한편 교황은 귀국 직전 미국과 멕시코 국경지대에서 미국으로 밀입국하려다 숨진 이주자들을 추모하기 위한 미사를 집전했었다. 반면 트럼프는 선거 유세를 하면서 자신이 대통령에 당선되면 텍사스에서 캘리포니아에까지 이르는 멕시코와의 국경에 장벽을 설치하고 1,100만 명의 불법 이민자들을 추방할 것이라고 말하던 참이었다. 교황의 말을 들은 트럼프는 곧바로 논평을 내어 "종교 지도자가 한 사람의 신앙에 의문을 제기하는 건 수치스러운 일이다. 나는 기독교인임을 자랑스럽게 여기며, 대통령이 된다면 지금 (오바마) 대통령 시절처럼 기독교인이 끊임없이 공격당하고 약해지는 것을 용인하지 않을 것"이라고 받아쳤다. 물론 트럼프는 기독교인이다. 그러나 교황은 그가 그런 행동을 하면 기독교인이 아니라고 확대해석했고, 트럼프는 교황이라는 종교지도자가 기독교인을 끊임없이 공격하는 것처럼 확대해석했다.

박영선 새정치민주연합 의원이 국회에서 국정조사위원으로 전

청와대 비서실장 김기춘에게 질문하면서 이런 논쟁을 한다.

박영선: 그럼 대통령께서 집무실에 계셨습니까?

김기춘: 위치에 대해서는 제가 알지 못합니다.

박영선: 비서실장님이 모르시면 누가 아십니까?

김기춘: 일일이 일거수일투족을 다 아는 것은 아닙니다.

박영선: 대통령이 이날 일정이 없었던 것으로 저희가 알고 있는

데요, 집무실에 안 계셨다는 얘기지요, 지금?

박영선 의원은 "위치에 대해서는 모른다"는 김기춘 실장의 발언을 "비서실장이 모르시면 누가 아느냐"고 확대해석한다. 그러자 김은 "다 아는 것은 아니다"라고 축소해석하고, 다시 박 의원은 대통령이 "집무실에 없었다"고 확대 해석한다.

2

동음이의어를 사용하라

2017년 오디션 프로그램인 「K-POP스타」에서 〈보이프렌드〉가 우승을 했다. 11살이란 어린 나이로 랩을 완벽하게 소화하는 모습을 보고 모두들 너무 놀라워했다. 랩 RAP이란 Rhythm and Poesy란 말의 줄임인데 음악장르로 달리 구별해서 그렇지, 인류가 오래 전부터 사용해 오던 시의 운율을 말하는 것이다. 우리 모두 알다시피 시는 상징이나 은유라는 내용적 동질성을 말하기도 하지만 전혀 뜻이 다른 두 단어의 동음 또는 동형의 형식을 통해 의미를 연결하는 방법도 있다. 가령 구약성경에 보면 하나님을 부르는 다양한 은유가 있는데, 가령 "여호와는 나의 반석이시요 나의 요새시요 나를 위하여 나를 건지시는 자시오"(사무엘하 22:2)에서 여호와를 다르게 부름으로써 "여호와"는 좀 더 구체적이고 확장된 (좋은) 의미를 가진다. "반석"은 비가 와도 바람이 불어도, 즉 삶의 고난이 와도 흔들리지 않고 집을 지켜 주시는 신이란 의미를 담게 된다.

우리가 사랑하는 사람에게 "당신을 사랑합니다"라는 말 대신에 "나를 따뜻하게 하는 난로, 나를 춤추게 하는 하늘"이라고 표현할 수 있다. 그래서 어떤 학자들은 메타포가 원시문화에서 신들에게 이름을 붙이던 전통에서 유래한 것이라고 주장한다. 가령 아프로디테의 별명은 수도 없이 많다.

아프로디테 아나디오메네는 '바다에서 올라온 것'

아프로디테 키프리스는 '키프로스 섬사람'

아프로디테 포르네는 '음란한 여신'

아프로디테 필로메이데스는 '웃음의 연인'

아프로디테 필로메데스는 '생식기의 여신'

아프로디테 페이토는 '설득의 여신'

아프로디테 암볼로제라는 '젊음을 유지시키는 신'

아프로디테 안드로포스는 '남자들의 파괴자'

아프리디테 칼리피고스는 '아름다운 엉덩이'

아프로디테 님파는 '요정인 여신'

아프로디테의 모습은 은유를 통해 수도 없이 많이 만들어진다. 나아가 은유 하나하나는 수많은 확장된 의미를 띠게 된다. 이런 의미를 이용한 것이 소위 '시詩'라고 하는 것이다. 영화 「일 포스티노」 (원작: 안토니오 스카르메타의 『네루다의 우편배달부』)에서 주인공 마리오가

애인 베아트리체에게 네루다 시인의 시를 인용하여 써 주었다가 베아트리체의 숙모에게 걸려 혼이 나는 장면이 있는데 그 시는 이러하다.

벌거숭이,
당신은 당신의 손처럼 섬세합니다.
당신은 쿠바의 저녁처럼 푸릅니다.

아프로디테의 이름을 '님파'라고 부르는 대신 '누다'(벌거숭이)라고 부르면서 은유가 만들어지는데 당연히 그 의미도 달라진다. 베아트리체를 '님파'라고 불렀다면 '무식한' 숙모가 이 남자 마리오를 죽이려 들지는 않았을 것이다. '님파'라고 불렀다면 당연히 "당신은 무인도의 바다처럼 많습니다"나 "당신은 쿠바의 바다처럼 푸릅니다"가 되어야 할 것이다. 그렇게 했다면 당연히 숙모의 오해와 위협을 받지 않았을 것이다. 이렇듯 언어의 메타포는 제의적 요소를 갖고 있는데 당연히 우리의 논쟁과 밀접한 관련을 맺고 있다. 다만 시적인 언어는 그것이 긍정적이든 부정적이든 상관없이 시간이 걸리고 은근하고, 내면적이기에 분위기를 띄우는 데에나 사용되기에 이성과 판단을 무기로 하는 논쟁에서는 사용하기가 불편하다.

논술이 시각적 글자의 의미로 승부를 건다면 논쟁술은 청각적 말의 일치로 승부를 한다. 이는 유럽의 속담에 "눈의 언어는 차갑고 귀의 언어는 뜨겁다"는 말과도 일맥상통한다. 그러니까 논쟁에서는 동음이의어를 사용하기가 훨씬 수월하고 효과적이다. 하나의 예를 들어 보겠다. 엠씨 스나이퍼의 「Be In Deep Grief」에는 젊은이의 사회에 대한 좌절감이 다음과 같은 랩으로 표현되어 있다.

대한민국 코리아

돈이면 다 콜이야

그래서 이 꼴이야

모두가 감추는 꼬리야

네 개의 다른 뜻을 가진 동음이의어(물론 100% 일치하지 않지만 유사하다. 코리아≒콜이야≒꼴이야≒꼬리야)를 일치시킴으로써 상대의 논점을 비판하고자 하는 것이다. 상대가 코리아를 자랑스럽게 생각한다고 주장했을 경우, 돈이면 다 콜이야(그게 자랑스러워?), 그래서 이 꼴이야(그래도 자랑스러워?) 모두가 감추는 꼬리야(그러니 자랑스럽다고 말 못하겠지?)라고 동음이의어로 비판하는 것이다. 이 전술은 사실상 확대해석과 같은 것인데, 동음이의어를 사용하여 상대가 제시한 주장을, 동음이의어라는 점을 빼놓으면 논쟁 중인 사안과 거의 관계가 없거나 전혀 관계가 없는 곳으로까지 확대하는 것이다. 그러면서 랩하는 사람이 마치 상대의 주장을 반박한 듯한 인상을 준다. 한동안 '친박'이라는 무리들이 활개를 칠 때가 있었다. 그때 나온 노래가 이와 비슷한 맥락에서 만들어졌다.

박이 날아든다 웬갖 잡박이 날아든다

박 중에는 망할 박 좌충우돌 감별 박

이 지역구로 가면 쪽박쪽박

저 지역구로 가면 짐박짐박

인터넷에서 따온 것이다. 여기서는 동음이의어가 완전한 일치를 보이지는 않지만 그래도 "박"(박타령의 박)과 박 전 대통령의 '박'(성씨로서의 박) 사이에, '진박'과 "짐박" 사이에 상호적인 동음의 관계를 통한 의미의 전이가 생겨난다는 것을 알 수 있다. 정치적 반대편들이 하는 행동을 동음이의어로 확대해석("웬갖 잡박")을 통해 비판하는데 그 논점이 원래에서 벗어나 있음을 알 수 있다. 내 수업을 들은 한 학생이 집에서 아버지와 논쟁을 한 일을 다음과 같이 보고한 일이 있다. 아들이 아버지의 차를 자주 몰고 나가자 아버지가 아들을 비판한 것이다.

아버지: 아들, 이제 자동차 타지 말고, 두 다리로 좀 걷지.

아들: 진정한 남자는 엑셀과 브레이크를 밟고 삽니다!

아버지: 건강한 남자는 땅을 밟고 삽니다!

이런 유사한 사례는 많다.

홍준표 경남지사가 급식을 끊으려 하자, 다음과 같은 비판이 있었다.

> 홍 지사가 아이들의 밥줄을 끊으려고 합니다. 하지만 이것이 홍 지사의 밥줄을 끊게 할 수도 있습니다.

한번은 K대학교의 A총장이 자신을 다시 한 번(재선) 거물로 만들어 주면 학교발전에 도움이 된다는 것을 역설하였다. 우리는 이렇게 주장하면서 그의 요청을 거부할 수 있다.

> 거물로 만들어 달라 하여 총장으로 뽑았더니 이제 아예 학교의 고물이 되어 버렸습니다.

대구에서 세계 물 포럼을 연다고 난리를 쳤다. 그러나 별 성과가 없었다. 그에 대해 우리는 이렇게 말할 수 있다.

> 물포럼이 아무런 의미도 없는, 그야말로 '물'포럼이 되어 버렸습니다.

3

상대의 주장을 절대화하라

우리는 확대해석과 절대화를 잘 구별하기가 힘들다. 유사하기 때문이다. 확대해석이 상대가 주장하는 것의 경계를 넘는 데 비하여 절대화는 그야말로 끝판왕이라고 말할 수 있다. 가령 앞서 예를 든 "여성들은 군대 안 가서 좋겠어요"를 절대화하면 "여성들도 군대 갑니다. 여군이 얼마나 많은데요!"라고 말하면서 일반적으로는 보이지 않는 소수의 여성을 두고 마치 여성 전체가 군대 가는 것처럼 주장하는 것이다. 만약 아내가 한 된장찌개를 두고 "아, 된장이 왜 이리 짜지?"라고 말할 것을 절대화하면 "이건 된장이 아니라 소금덩어리다"라고 공격을 해야 하지만 확대해석으로 공격하려면 "자기 음식하기 싫구나" 또는 "오늘 기분 안 좋은 일 있어?" 정도가 될 것이다.

쇼펜하우어는 주장의 절대화와 관련해서 아리스토텔레스의 다음과 같은 예를 인용한다. "무어인(흑인)은 검다. 그러나 치아만 놓고 보면 희다. 그러므로 흑인은 검으면서 동시에 검지 않다." 상대의 주장을 다른 관점, 즉 "치아만 놓고 보는" 관점에서 파악하여 상대의 주장을 반박하는 경우를 (부분의) 절대화라 할 수 있겠다. 요즘 블라인드 채용이 떠오르고 있다. 사실 그간 인물이나 출신학교, 가정형편 등이 취업하는 데 특정한 사람에게는 유리하고 또 다른 사람에게는 불리하게 작용할 수 있다는 우려 때문에 시작된 것이다. 이 문제에 대해 A와 B라는 사람이 서로 논쟁을 한다.

A: 블라인드 채용을 한다고 인물 좋지 않고 학벌 좋지 않은 사람이 취직될까요?

B: 그럼요. 그전보다야 낫지 않겠어요?

A: 그전에는 인물이나 학벌 좋지 않은 사람이 취업 못했나요?

B: 아무래도 그렇죠!

A: 천만의 말씀! 그럼 라미란같이 못생긴 사람은 절대 취직 안 되었겠네요? 그리고 우리 엄마 사실 우리 엄마지만 억수로 못생겼어요. 고졸이구요. 그런데 대기업 이사시거든요. 보다시피 스펙과는 아무런 관계가 없어요. 사실 이 정부가 생색내려고 하는 짓입니다. 결국 실력 있는 사람은 결국은 다 취업한다는 거죠.

이 사례를 보면 절대화라는 것이 무엇인지 쉽게 알 수 있다. 그런데 이런 절대화의 방법을 우리가 어디에서 많이 본 것 같지 않는가? 그렇다. 시에서 이런 방법을 많이 찾아볼 수 있다. 도종환 시인의 시 「흔들리며 피는 꽃」이 그 한 사례가 될 수 있다. "흔들리지 않고 피는 꽃이 어디 있으랴" 설마 그 시에서 말한 대로 꽃이 필 때마다 바람이 불고 비가 오는 것은 아닐 것이다. 살아갈 때 항상 고통스럽고 궂은 날만 오겠는가? 이 시는 단지 항상 고통과 불안, 걱정 속에서 살아가는 인간의 모습을 시적으로 그려 낸 것이다. 정호승 시인의 「외로우니까 사람이다」란 시도 마찬가지다. 모든 사람이 외로운 것도, 사람이 항상 외로운 것도 아니다. 정말 외로울 때에만 읽은 시이므로 우리는 마치 항상 외로운 것처럼 절대화하는 것이다.

상대의 주장을 부정적으로가 아니라 긍정적으로 절대화하면 우리는 좋은 대화를 이끌 수가 있다. 야콥 모레노는 사이코드라마를 만드신 분이다. 그는 "프로이트 박사님, 나는 당신이 끝낸 곳에서 시작하려 합니다. 당신은 사람들을 치료실이라는 인위적인 공간에서 만나지만 나는 거리에서 그들의 집에서 그들의 자연스런 환경에서 만나려고 합니다" 하면서 실제로 길거리에서 환자들을 만났다고 한다. 어느 날 어떤 놀이터에서 조현병 환자가 스스로를 예수라 하는 장면을 목격한 모레노는 그의 앞에서 무릎을 꿇고 이렇게 말했다 한다. "예수님, 만나서 한없이 기쁩니다. 당신을 만나길 평생 동안 원했는데 여기서 당신을 만나게 되다니요!" 이와 비슷한 절대화가 만해 한용운의 「복종」이라는 시에도 들어 있다.

남들은 자유를 사랑한다지만 나는 복종을 좋아하여요

자유를 모르는 것은 아니지만 당신에게는 복종만 하고 싶어요.

그러나 당신이 나더러 다른 사람을 복종하라면

그것만은 복종할 수가 없습니다.

다른 사람을 복종하려면 당신에게 복종할 수가 없는 까닭입니다.

이 시에서와 같은 절대화를 사용할 수 있다. 만약에 상대가 '우리 정책에 협조하는 것이 좋을 것이다'라고 말하면, 우리는 '당신 기업에 무조건 복종하라는 것입니까' 하고 절대화하면 된다. 그러나 상대를 내가 좋아하고 논쟁에서 지는 것이 좋은 결과를 가져올 때 우리는 확대해석할 수도 있다. "나는 좋아하는 사람에게 복종하고 싶다." 그런 까닭에 스프라이트 광고에도 이런 문구가 있다. "당신의 갈증에 복종하라."

내가 사는 지역에 한 구청장은 이렇게 주장했다.

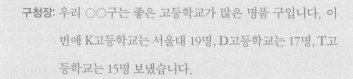

구청장: 우리 ○○구는 좋은 고등학교가 많은 명품 구입니다. 이번에 K고등학교는 서울대 19명, D고등학교는 17명, T고등학교는 15명 보냈습니다.

그에 대한 나의 주장은 이러했다.

그러니까 서울대 많이 보내면 좋은 고등학교입니까? 하지만 서울대를 한 명도 보내지 못한 고등학교도 있는 이 구는 어떤 구입니까?

도널드 트럼프는 이렇게 주장한다.

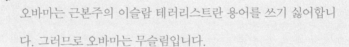

오바마는 근본주의 이슬람 테러리스트란 용어를 쓰기 싫어합니다. 그러므로 오바마는 무슬림입니다.

절대화의 좋은 사례가 아닐 수 없다. 지금까지 다룬 전술 1-3은 논점 상위相違의 허위라고도 하는데, 다른 말로는 논지무시論旨無視의 허위라고도 한다. 논증하려고 하는 것과 외견상으로 비슷하거나, 혹은 약간의 관계를 갖고 있는 것에 불과한 다른 어떠한 결론을 얻어, 그것으로 논증할 수 있다고 하는 증명상의 오류를 말한다. 앞에서 말한 세 가지 전술은 약간씩의 차이는 있으나 그 원리는 같다고 할 수 있다.

2

반박할 수없는 전제를 도출해 내는 방법들

4

주장을 에둘러 표현하라

우리는 「홀랜드 오퍼스Mr. Holland's Opus」라는 영화에서 '에둘러 말하기'의 진수를 찾아볼 수 있다. 홀랜드란 사람은 자신의 궁극적인 길은 위대한 곡을 쓰는 것이라 믿고 항상 작곡만을 염두에 두고 살아가는 음악가였다. 하지만 경제적 압박 때문에 결국 존 F. 케네디 고등학교의 음악 교사가 되기로 한다. 그런데 낭만적일 것 같았던 교사생활은 생각과 다르게 흘러간다. 음악 시간은 학생들의 무관심과 무성의로 이어졌고, 구제불능의 오케스트라 학생들만이 그를 기다리고 있었다. 차츰 시간이 흘러가면서 아이들의 심리를 이해하게 된 홀랜드 선생님은 학생들의 호기심을 끌게 된다. 그러던 어느 날, 스스로 클라리넷에 재능이 없다고 생각한, 학교 오케스트라의 거튜드라는 여학생이 좌절감을 느끼고 오케스트라를 그만두겠다고 홀랜드 선생님에게 마지막 이별을 하러 온다. 하지만 홀랜드 선생님은 거츄드를 설득해서 클라리넷을 연주해 보자고 한다. 홀랜드 선생님이 피아노 반주를 하고 거츄드는 악보를 보면서 클라리넷을 연주하지만 거츄드는 계속 실수를 한다.

홀랜드: 이번엔 악보를 생각하지 말고 한번 연주해 봐.

(홀랜드 선생님이 그렇게 말하면서 보면대를 치우자 거츄드는 당황한다.)

홀랜드: 네 머리와 가슴과 손가락에 그 모든 것이 있는데 다만 네
　　　　스스로를 못 믿기 때문에 그래. 좋아 시작해 볼까? 준비.
　　　　하나, 둘, 셋, 넷. (선생님은 피아노 반주를 시작한다.)

(거츄드는 연주를 하지만 실수를 한다.)

홀랜드: 좋아. 클라리넷에 입술을 너무 붙이지 말고 다시 시작해
　　　　봐. 하나, 둘, 셋, 넷.

(거츄드는 연주하지만 다시 실수를 한다.)

거츄드: 오 오 …

홀랜드: 괜찮아. 상관 마. 다시 해 봐.

(연주를 잠시 중단하고 홀랜드 선생님은 거츄드를 보며)

홀랜드: 뭐 하나 물어봐도 될까? 거울로 널 보면 어디가 제일 맘
　　　　에 드니?

(거츄드는 잠시 생각에 빠지면서)

거츄드: 제 머리카락이요.

홀랜드: 왜?

> **거츄드:** 아빠는 늘 제 머리카락이 저녁노을 같대요.
>
> **홀랜드:** 그러면 노을을 생각하면서 연주해 봐.
>
> (홀랜드 선생님은 피아노를, 거츄드는 클라리넷을 다시 연주한다. 거츄드는 감정을 갖고 연주하고 이번에는 연주에 성공한다.)

거츄드는 보면대를 보며 악보대로 연주하면 된다는 생각을(주장을) 하고 있다. 선생님은 거츄드가 무슨 문제를 안고 있는지 알고 있는 것 같다. 그래서 홀랜드 선생님은 거츄드에게 직접적으로 '넌 이러이러한 생각을 잘못하고 있어… 넌 감정이 없다고… 감정이 있어야 노래가 될 것 아냐' 같은 말로 설득하려 들지 않는다. 어차피 설득해 봐야 거츄드가 알 것 같지도 않고 안다고 해도 실행할 수도 없다. 그래서 선생님은 우회의 길을 선택한다. 갑자기 네 몸 어디가 제일 맘에 드느냐고 묻는다. 상대를 긍정하는 마음으로 접근한다. 이렇게 주장을 에둘러 표현한다.

영화가 아니더라도 주장을 에둘러 표현하는 기술은 이미 고대로부터 잘 알려져 왔다. 교육을 할 때도 선생과 제자, 부모와 자식 간에 논쟁이 될 때가 많다. 맹자는 때로는 교육하지 않는 것이 좋은 교육이라는 가르침을 주었다.[1] 그런데 우리네 같은 아마추어들은 말

1 孟子曰 敎亦多術矣! 予不屑之敎誨也者, 是亦敎誨之而已矣. 맹자가 말하였다. "가르치는

없이 교육을 할 수 있는 능력이 없다. 그런데 자식이 예를 들어 공부하지 않겠다는데 무슨 말을 해야 할까? 내가 "공부해라!" 하는 순간 반박을 하고 이유를 천 가지 만 가지 쏟아 낼 것인데. 심지어 자기 인생 자기가 살 것이라고 아무 도움도 필요 없다고 호언장담할지도 모른다. 이때 우리는 어떻게 대응을 할 수 있을까? 이 경우 쇼펜하우어는 "에둘러 하라"고 말한다. 공부하지 않는 이유를 충분히 가지고 있는 아들에게 내가 말한 사례를 들어 보겠다.

> 공부 안 해도 된다. 공부 안 한다고 좋은 직업 못 구하는 것도 아니고, 공부 잘해서 설령 좋은 대학 들어간다 해 봤자 돈만 많이 든다. 어차피 공부 열심히 하는 것은 대학 가고 취업 잘하려고 하는 것 아니냐? 그럴 바에야 지금 취업할 수 있다면 그게 낫지. 고졸 취업자 말이다. 취업해서 일하지 않겠다면 뭐라도 해야겠지. 가령 공부 같은 것 말이다. 그리고 공부하는 동안이니까 용돈을 주겠지만 공부 안 할 것 같으면 취업은 안 하더라도 용돈과 생활비는 스스로 벌어 쓸 수 있어야 한다. 네가 공부 안 하겠다고 하는 것이 일을 하지 않겠다는 뜻이나 생활비를 스스로 벌지 않겠다는 뜻은 아니겠지?

데에도 방법이 여러 가지가 있다. 내가 탐탁하지 않게 여기어 가르치고 깨우쳐 주지 않는 것도 역시 그를 가르치고 깨우쳐 주는 것이다."(孟子 上, 맹자, 김학주 역주, 서울대학교출판문화원, 2013, 548쪽.)

우리가 어떤 주장과 결론을 내리려고 할 때(가령 공부해야 한다라는 주장), 그 결론을 상대가 예측하지 못하게 해야 한다. 다시 말해 '공부해야 한다'라는 주장을 명시적으로 해서는 안 된다는 말이다. 그 대신 전제조건('공부해야 한다')을 대화 속에서 개별적으로 그리고 분산해서 슬그머니 시인하면 된다. 위의 사례에서는 공부 안 해도 좋은데 그 전제에는 일을 하라는 뜻이 들어 있다. 그러면 듣는 사람(아들)은 압박을 받으면서 일하기 싫다면 공부해야 한다는 주장을 듣는 셈이 된다. 스스로 용돈을 벌어서 쓰거나 취업하는 것까지도 싫어한다면 또 다른 전제를 세워야 하는데 이것은 고도의 기술이 필요하다. 그리고 듣는 사람이 눈치가 없고 센스가 부족해서 잘 알아듣지 못하면 큰 효과가 없기도 한 일이다. 굳이 해야 한다면 상대(아들)가 돈 때문에 그런다고 반박을 할 수가 있기 때문에, 우리 아버지들은 이렇게 대응할 수가 있다. 가령 '취업하기 싫으면 코이카KOICA 같은 데를 통해 어려운 나라에 가서 봉사활동이라도 하면서 경험을 쌓고 시야를 넓혀 놓기라도 하든지…'라고 말하면 돈 때문에 이런 주장을 하는 것이 아니라는 점을 보여 줄 수 있는 셈이다. 이렇게 상대에게서 '그럼 공부하겠다'는 대답을 자발적으로(!) 얻어 낼 때까지 우리는 우리의 의도를 감추면서도 은근히 드러내야 한다.

이효리 씨가 등장했던 「무한도전」의 〈죄와 길〉 편에서 변호사의 에둘러 말하기로 상대를 이기는 방법을 살펴보자.

변호사: 해당 프로그램에 후배 걸그룹 멤버들이 나왔을 때 유재
　　　석 씨가 자꾸 그분들과 이효리 씨를 비교하여 이효리 씨
　　　를 깎아내리고는 했지요.

이효리: 네, 너무 늙었다, 허리가 길다, 웃을 때 잇몸이 보인다
　　　등 정말 여자로서 치욕스러운 말들을 너무 많이 들었습
　　　니다.

변호사: 마음의 상처를 많이 받았겠네요. 감정적으로 많이 기울
　　　었겠어요. 객관적으로 생각할 수 없을 정도로 말입니다.
　　　누구든 이 상황이 되면 그렇게 되지요.

이효리: 네, 제가 남몰래 운 적도 있습니다.

변호사: 지금 말씀을 들어 보면 이효리 씨는 유재석 씨에게 굉장
　　　히 안 좋은 감정을 가지고 있고 따라서 이효리 씨는 유재
　　　석 씨에 대한 증언을 객관적인 입장에서 할 수 없는 사람
　　　이라고 생각됩니다. 이효리 씨의 증언은 신빙성이 없습
　　　니다.

　　말을 복잡하게 돌려서 할 필요는 없다고 생각하는 사람들이 의외
로 많다. 그러나 정치가들의 논쟁이나 개그 프로그램, 문학과 영화
속의 명장면에서는 이런 전술이 자주 동원되는 것을 볼 수 있다. 그
이유는 그렇게 하는 것이 그 사람이 단순히 논쟁을 이긴 것이라기
보다 더 수준 높은 것으로 인식되고, 더 훌륭한 지혜를 가졌다고 보

기 때문이다. 위의 논쟁(대화)에서 우선 변호사는 이효리 씨의 편을 들어 주는 발언을 한다. 그러나 그는 사실 이효리 씨를 골탕 먹이기 위한 밑밥을 까는 것에 불과하다. 우선은 "마음의 상처를 많이 받았겠네요"라고 위로하는 척한다. 하지만 대화가 진행되면서 "이효리 씨의 발언이 객관적이지 않다"라는 주장을 하기 위해 전제들을 끼워 넣고 있다는 것을 알 수 있다. 이것은 마치 동생의 우유를 빼앗아 먹은 아이를 회유할 때 쓰는 방법과도 같다. 아이에게 "너 동생 우유 빼앗아 먹었지?" 하면 금방 부정한다. 그러나 "우리 아들 배고 팠구나!" 그러면 아이는 "응" 하고 대답한다. "그런데 먹을 게 아무것도 없었구나 … 동생 우유밖에는 …" 하면서 동정적으로 말하면 "응" 하고 금방 아이는 대답한다. 이와 마찬가지의 방법이다. 부부 간의 장난도 마찬가지다.

한번은 참 친한 동료가 출장을 가다가 난데없이 부부싸움 이야기를 했다. 어느 날 갑자기 동료의 부인이 자기 남편에게 물었다. "당신은 죽으면 뭐가 되고 싶어?" 그러자 나의 동료는 "나는 새가 되어 자유롭게 훨훨 날아다니고 싶다"고 했다. 그러자 부인이 조용해진다. 동료는 궁금해서 다시 아내에게 물었다. "그럼 당신은 죽으면 뭐가 되고 싶어?" 그랬더니 그 부인 왈, "나는 포수가 되고 싶다" 그랬단다. 순간 머릿속이 하얘지는 것 같더란다. 포수가 되어 새를 쏠 수도 있으니까. 이 이야기를 듣고 있던 나의 아내가 농담 삼아 질문을 한 게 계기가 되어 우리는 이런 이야기를 나누게 되었다.

아내: 당신은 다시 태어나면 나랑 다시 살고 싶어?

나: 당근. 나는 다시 태어나도 당신과 살고 싶지.

아내: 웃기지 마. 거짓말하지 말라고.

나: 생각해 봐. 어차피 내가 누구랑 살고 싶다 한들, 누가 나랑 살아 주겠어. 나 같은 매력 없는 사람이랑 말이야. 당신이니까 살아 주지. 비록 당신이 나를 까칠하고 힘들게 하고 밥도 안 해 주고 그런 건 있지만 사실 나 또한 당신을 얼마나 괴롭혀. 당신은 괴로울지도 모르지만 난 엉뚱한 양말 묶어 놓기, 핸드폰 감추기, 목조르기 같은 괴롭힘이 너무 재미있다고. 당신이 나한테 하는 비난이나 까칠함과는 비교도 안 되는 즐거움을 준다는 거지.

아내: … (그러니까 나랑 다시 살고 싶지 않다는 거구나.)

그렇다. 만약 다시 태어나서 당신과 같이 살고 싶지 않다고 말한다면 그것은 매우 나쁜 발언이다. 그렇기 때문에 우리의 과제는 어쨌든 상대에게 긍정적인 대답을 내놓아야 한나는 것이다. 대신 논쟁 가운데 반박하는 내용과 일치하는 전제들을 슬그머니 (줄 친 부분처럼) 끼워 넣는 것이다.

쇼펜하우어는 이와 유사한 다른 방법을 제시한다. 즉, "상대가 진리가 뭔지 모르기 때문이거나 아니면 그 전제들로부터 진실이 도출될 것 같아서 참인 전제들을 인정하지 않을 경우, 그 자체로는 거짓이지만 대인 논증으로 볼 때는 참인 주장을 하라. 그리고 상대의 사고방식, 즉 사안을 가지고 논쟁을 하라. 왜냐하면 거짓은 참인 전제로부터 도출될 수 없지만, 참은 거짓의 전제로부터도 도출될 수 있기 때문이다."[2] 그렇다. 이에 대한 사례는 우리가 너무나 자주 본다. 홍문종 국회의원이 유승민 의원을 비난할 때 쓴 말이다.

> **유승민:** 증세 없는 복지는 허구임이 입증되었습니다.
>
> **홍문종:** 유승민은 이런 말을 하여 국정을 어렵게 합니다. 그리고 새누리당의 정체성에 맞지도 않습니다. 그리고 그는 대통령을 배신했습니다.

사실 홍문종 의원은 아버지 지역구를 물려받아 당선되고, 첫 출마 땐 금품을 살포하다 의원직 박탈 직전까지 간 일도 있었다. 17대 총선을 앞두고는 선거법 위반으로 피선거권을 박탈당하기도 했고, 2006년엔 당이 골프 자제령을 내렸음에도 불구하고 수해 지역에서 골프를 쳤다가 국민적 지탄을 받기도 했다. 이명박 정부 때 사면복권받아 2012년 19대 총선을 앞두고 복당해 공천받아 당선됐고, 친박 실세로 현재까지 국회의원 직을 유지해 오고 있다. 그렇다면 유

2 쇼펜하우어, 『논쟁술』, 경북대학교출판부, 2015, 46쪽.

승민 의원은 어떻게 대응해야 할까? 아마 이렇게 하는 것이 좋을 것 같다.

> 그러네요. 그렇죠? 아군에게 총질이나 하구요. 배신했다는 말이 맞죠. 그럼 당신은 어째서 당신을 구해 준 이명박 대통령을 배신하고 박근혜 대통령에게 충성하나요? 금품살포하다 의원직 박탈 직전까지 간 것이나 선거법 위반으로 피선거권 박탈당한 것 모두 국정을 어렵게 한 것 아닙니까?

다른 사례는 우리가 일상에서 자주 만나는 사례를 꼽을 수 있다. 주로 종교적 전도에서 자주 찾아볼 수 있는 일이다.

> A: 절에 가지 말고 참 진리인 예수를 믿으세요. 우상을 섬기는 다른 신을 섬기지 마세요.
> B: 네, 알겠습니다. 그런데 당신들 기독교는 네 이웃을 네 몸과 같이 사랑하라고 가르치지 않습니까?
> A: 그렇습니다. 그래서 저는 당신에게 참 종교를 전도하는 것입니다.
> B: 그렇다면 이웃의 종교를 인정하지도 않고 우상이라고 무시하고, 매일 같이 찾아와 괴롭히는 것이 진정 이웃을 사랑하는 것인가요?

지난 번 박근혜 정권 국정농단사태 때도 다음과 같은 논쟁의 사례가 있었다.

박영선: 박 대통령이 정말 7시간 동안 피부 시술만 받았습니까?

김기춘: 모릅니다. 하지만 정확한 것은 정 아무개(55) 원장이 세월호 참사가 벌어진 2014년 4월 16일 낮 12시께 청와대로부터 '대통령의 머리를 손질해야 하니 급히 들어오라'는 연락을 받았습니다. 정 원장은 승용차로 한 시간쯤 걸려 청와대 관저에 들어간 뒤 박 대통령 특유의 '올림머리'를 했습니다. 이날도 평소와 다름없이 머리를 손질하는 데 90분 가량이 걸린 것으로 압니다.

박영선: 아 그러면 총 7시간 동안 피부시술만 받았다는 것이 아니군요. 5시간 30분은 모르신다 이거네요.

김기춘: 네.

박영선: 하지만 머리를 손질하지 않고는 공개적인 행사에 모습을 드러내지 않는 박 대통령의 관례에 비춰 볼 때, 낮 12시에 정 원장을 청와대로 불러들였다는 건 최소한 오전에는 세월호 대책을 세우기 위한 청와대 내부 회의조차 할 뜻이 없거나 그럴 상황이 아니었던 것으로 풀이되네요. 우리 애들은 대통령 머리카락만도 못한 하찮은 존재였나요?

이 사례는 결론을 상대가 예측하지 못하게 하기 위해 상대에게서 필요로 하는 시인을 받아 내었고, 이로써 청와대 내부 회의조차 할 뜻이 없거나 그럴 상황이 아니었던 것이라고 결론을 내렸다.

5

은폐된 순환논증을 사용하라

올해도 우리는 크리스마스 대목을 앞두고 한정판(리미티드 에디션) 화장품과 패션 상품이 봇물 터지듯 쏟아져 나오고 있음을 볼 수 있을 것이다. 고객을 잡기 위한 화장품 가게 직원들의 말을 잘 살펴보면 그 말이 그 말인 것 같은 느낌을 받을 때가 있다. 들어 보겠다.

> 고객님, 이 제품은 크리스마스 리미티드 에디션으로 나온 거라서 수가 한정되어 있어요. 재고가 별로 없어요. 사려면 일찍 사셔야 해요~.

이런 말을 들은 고객은 마치 이것을 안 사면 큰 불행을 겪을 것 같은 느낌을 받는다. 리미티드라는 의미가 한정판이라는 의미인데 몇 개를 만들었는지, 과연 그것이 리미티드인지 그리고 그것을 사 두면 과연 그만한 가치가 있는 것인지 모든 것이 불투명하기 이루 말할 수 없는 주장이다. 이런 것을 우리는 '은폐된 순환논증'이라한다. 가끔씩 나에게 자신이 쓴 시의 비평을 부탁을 하는 사람이 있다. 그때 내가 그 많은 비평가 중에 하필이면 왜 나한테 부탁하느냐고 물으면 "실력이 있으신 분이기 때문에 부탁하는 것입니다"라고대답한다. 내가 다시 "제가 실력이 있다는 것을 어떻게 아십니까?"라고 되물으면, 그 사람은 "실력이 없다면 왜 제가 부탁을 하겠습니까!"라고 말한다. 앞에서 말한 전형적인 순환논증의 방법이라고 할수 있다.

쇼펜하우어의 『문장론』을 보면 다음과 같은 글이 있다. "논리학에서는 훌륭한 문장을 쓰기 위해 분석적 판단이 선행되어야 한다고 간주한다. 그러나 분석적인 판단은 저자를 어리석게 보이게 하는 광대의 의상에 불과하다. 어떤 개념에 이미 포함되어 있는 속성을 일부러 끄집어내 그것을 개체로 삼을 경우, 그 같은 어리석음은 눈에더욱 잘 띄게 된다. 예를 들어 한 마리 소가 뿔을 가지고 있다든가, 그 의사는 병자를 고치는 직업에 종사하고 있다는 표현은 얼마나 어색한가. 따라서 분석판단은 설명이나 정의가 필요한 경우에만 사용해야 한다."[3] 이 말은 아마도 칸트의 분석판단에 대한 비판을 염두

---

3 쇼펜하우어, 『문장론』, 김욱 옮김, 지훈출판사, 2011, 176쪽.

에 두고 한 말일 것이다. 칸트는 주어 개념 속에 이미 내포되어 있는 것을 분석하여, 이것을 술어로 삼는 판단을 분석판단이라 정의하였다. 예를 들면 '모든 물체는 연장적延長的이다'는 분석판단인 데 반하여 '모든 물체는 무겁다'는 종합판단이다.[4] 물체란 말에 이미 그 물체의 부피가 포함되어 있기 때문이다.

가끔씩 교사이거나 학부모일 경우, 아이들과 대화를 하다 보면 분석판단의 오류에 직면하는 경우가 많다. 가령 용돈을 달라는 아이에게 엄마가 그 이유를 물으면 "용돈을 올려 주면 좋죠. 애들은 누구나 용돈 올려 주는 걸 좋아하니까요"라고 대답한다. 말이 복잡하지만 알고 보면 그 말이 그 말인 분석판단이다. 심지어 나는 '독일문화' 수업을 할 때도 이런 분석판단의 발언을 자주 듣는다. "독일은 자동차로 유명합니다. 왜냐하면 독일은 기술력이 대단한 나라니까요." "독일의 음악과 한국의 음악은 다릅니다. 이유는 두 나라의 문화가 다르기 때문입니다." 어디 그뿐입니까? 기독교인들도 그렇습니다. "신이 있습니까?"란 질문에 "그렇습니다"라고 대답하지만 그걸 어떻게 증명하느냐고 물으면 "성경에 그렇게 쓰여 있으니까요"라고 대답한다.

문학평론가들도 이런 일에서 벗어나지 못하는 경향이 있다. 어떤 시평을 하신 분이 쓴 글이다. "일상에서 문득 마주치는 의외성은 대상에 대한 호기심과 불안감을 동시에 불러일으킨다"라고 쓰고 있는

4　임마누엘 칸트, 『순수이성비판 1』, 백종현 옮김, 아카넷, 2013, 222~223쪽.

데 호기심과 불안이 없는 경우는 의외성을 가지기 힘들다. 그러니 이는 사실 말하나 마나 한 분석판단에 속한다. 인터넷에서 자주 읽어 볼 수 있는 예를 한번 들어 볼까? '아편이 사람을 잠들게 하는 것은 아편에 수면 유도 성분이 있기 때문이다.' 니체는 『반시대적 고찰』 첫 번째 글에서 다비드 슈트라우스의 글쓰기를 비판하고 있다. 다비드 슈트라우스가 이런 글을 썼기 때문이다. "한 화자에 의해 오해의 소지 없이 분명하게 아침과 저녁 사이의 것으로 구획된 날들." 니체는 슈트라우스가 언어를 얼마나 뻔뻔하게 오용하는지 질책하고 있다. 니체는 질책의 근거를 분명히 밝히고 있지는 않지만 이 문장은 쇼펜하우어가 말한 "광대의 의상" 같은 모습이다. "날들"은 아침과 저녁 사이를 말하는 동어반복이지 않은가! 그러니 이 또한 "오해의 소지 없이 분명하게" 쓴 분석판단이다.

이렇게 우리가 문장을 말하거나 대답하거나 설명할 때 자주 범하는 오류는 쇼펜하우어에 따르면 다음 네 가지의 방법에 의해 이루어진다. "① 다른 이름을 사용함으로써, 예를 들어 명예 대신 좋은 평판을, 순결 대신 미덕 같은 말을 사용하거나 ② 또는 개별적으로 논쟁의 여지가 있는 것을 보편적인 문제로 보면서, 말하자면 의학의 불확실성을 주장하려면 인간의 모든 지식의 불확실성을 강조하면 된다. ③ 두 가지가 거꾸로 해도 마찬가지가 되는 경우, 하나를 증명하기 위해 다른 것을 전제한다. ④ 보편적인 것을 입증하기 위해 개별적인 것을 시인하면 된다.(이는 2번의 역이다.)"[5] 그러면 이제 우리가 일상의 대화를 통해 하나씩 살펴보도록 하겠다.

신의 존재는 증명하기 어렵다. 중세의 많은 신학자들이 시도하였고, 근대의 데카르트도 『방법서설』에서 시도하였지만 이것은 사실상 불가능하다. 그러다 보니 논쟁적 시비가 생기기 마련이다. 우리는 위의 세 번째 방법, 즉 두 가지를 거꾸로 해도 마찬가지가 되는 경우, 하나를 증명하기 위해 다른 것을 전제하면서 가능하게 할 수 있다.

A: 하나님은 존재하는가요?

B: 물론입니다.

A: 어떻게 그걸 증명할 수 있나요?

B: 성경에 그렇게 쓰여 있지 않습니까!

A: 성경에 어떻게 쓰여 있나요?

B: 하나님이 존재하시고 말씀하시잖아요.

A: 그럼 그 말씀을 어떻게 믿죠?

B: 성경에 나와 있으니까 믿어야지요.

성경을 근거로 신의 존재를 증명하고 거꾸로 신의 존재를 근거로 성경의 진실성을 증명한다. 성경의 내용이 진실이라고 믿기 위해서

5 『논쟁술』, 48쪽.

는 하나님의 존재부터 믿어야 하는 것이 우선이다. 하나님이 존재하면 그의 말씀인 성경이 사실일 수 있지만, 성경이 있다고 해서 하나님이 존재하는 것은 아니다. 이런 증명은 증명되어야 할 것이라는 뜻과 동일하다. 또는 그것을 포함하는 것보다도 먼저 문제가 되는 것을 증명하지도 않고 사용하는 오류를 말한다. 우리는 일상에서도 이런 논쟁의 방법을 논쟁술이라 생각도 않고 자주 사용한다.

> **여자:** 너 나 사랑해?
>
> **남자:** 물론이지.
>
> **여자:** 그걸 어떻게 증명하지?
>
> **남자:** 이 바보야, 이렇게 좋아하는 걸 보고도 몰라?
>
> **여자:** ???

신의 존재증명만큼이나 사랑의 증명도 쉬운 일은 아닌 듯하다. 그러므로 논쟁을 하지 않는 연인들끼리는 일반적으로 느끼면 그만이지 그 사랑의 존재를 확인하지 않는다. 마치 믿음이 없는 도마(토마스)만이 예수의 손과 옆구리에 손을 넣고 예수의 부활을 확인하는 경우와 마찬가지이다. 이것은 간단한 예이지만 위에서 말한 사례들, 하나님의 존재증명, 사랑의 증명보다는 조금 더 복잡하므로 일견 아닌 것처럼 보인다. 이런 방법은 우리가 입증하고자 하는 것을 입증된 것처럼 전제하면서 주장하는 '은폐된 선결문제 요구의 오류'petitio principii와 같은 것이다. 이것은 이름을 바꾸면서도 가능하다.

선생님: 사랑하는 것이 뭐야?

초등학생: 좋아하는 거요.

선생님: 그럼 좋아하는 것은?

초등학생: 사랑하는 거요.

'사랑한다'는 말을 '좋아한다', '좋아한다'는 말을 '사랑한다'로 바꾸면 초급의 순환논증을 할 수 있다. 하지만 쉬운 것 같으면서도 조금만 바꾸어도 헷갈린다. 명예란 말 대신 평판이 좋다라는 말만 바꾸어도 훌륭한 논쟁을 할 수 있다.

나: 지금 학교에서 총장의 명예가 땅에 떨어져 있습니다.

총장: 평판이 좋지 않고서야 총장을 어떻게 맡을 수 있겠습니까?

나: ???

순결 대신 미덕이란 말을 사용해도 된다.

엄마: 여자는 순결을 지켜야 한다.

딸: 왜?

엄마: 그게 여자의 미덕이니까. (물론 다르게 말할 수도 있다: 순결
한 여자가 좋냐 이 남자 저 남자 사귄 여자가 좋으냐.)

딸: ???

이와 비슷한 사례를 찾아보자면 18대 대선 때 문재인 후보와 토론하던 때에 나온 박근혜식 논쟁술을 들 수 있다.

문재인: 증세하지 않고 어떻게 복지재원을 충당합니까?

박근혜: 그러니까 제가 대통령을 하겠다는 거 아니겠어요?

이것을 조금 더 세련되게 변형하면 다음과 같다.

A: 우리는 증세 없는 복지를 실행해야 합니다.

B: 증세 없는 복지가 어떻게 가능하죠? 그리고 복지 재원은 어
디서 따오죠?

A: 증세를 하면 국민들이 우리를 뭐라고 하겠습니까? 이는 국

민을 배신하는 행위죠!

인터넷에서는 논점일탈이라고 말을 하지만 사실은 '나는 어떻게든 복지재원을 충당할 수 있다'는 말을 반복하는 것으로서 순환논증에 속한다. 이에 대한 문재인 후보의 반응은 다음과 같은 것을 생각해 볼 수 있다.

> **문재인:** 그런 식으로 얼버무리는 사람을 누가 대통령으로 뽑겠습니까?

순환논증은 나아가 개별적으로 논쟁의 여지가 있는 것을 보편적으로 논쟁의 여지가 있는 것으로 만듦으로써 가능하다. 쇼펜하우어는 이렇게 말한다. "의학의 불확실성을 주장하면서, 인간의 모든 지식의 불확실성을 전제한다." 이 명제는 사실 인간의 모든 지식이 불완전하다는 것을 전제할 경우, 의학이 불확실하다는 명제가 가능하다. 내가 소속한 대학교에서는 한동안 총장을 뽑지 못하고 있었다. 그것을 바라보는 사람들은 학교 교수들을 싸잡아 비난했다.

학교의 총장도 뽑지 못하는 대학을 보면 학교 교수들이 무능력하다는 뜻이다.

우리는 이런 경우를 자주 만난다. 두 가지가 뒤집어도 인과관계가 되지 않을 경우, 하나를 증명하기 위해 다른 것을 전제한다.

> **너:** 저 배우는 예쁘니까 성공하였다.
> **나:** 저 배우는 성공했으니까 예쁜 것이다.

보편적인 것을 입증하려면 각 개별적인 것을 인정하라. 이것이 순환논증의 원리로서 우리가 앞서 언급(외로우니까 사람이다)한 정호승의 시 「수선화에게」에서도 마찬가지 현상을 찾아볼 수 있다. '사람은 외롭다'는 보편적인 사실을 인정하기 위해 개별자들(가슴 검은 도요새, 하느님, 새, 산 그림자, 종소리 등)이 모두 외롭다는 것을 인정하고 있다. 이렇게 보면 시에서는 논리적이지 않은 순환논증이 오히려 시적 효과를 거둔다.

3

상대가
무엇을
시인하여
신뢰를 잃도록
하는 방법들

6

질문을 통해
더 많은 시인을 받아 내라

인간은 태어나면서부터 이런 능력, 즉 더 많이 질문을 하면서 자신의 의지를 관철하려는 경향이 있는 것 같다. 다소 뻔뻔스럽기까지 한 이 사실은 아이들을 관찰해 보면 분명히 드러난다. "너 왜 이렇게 어질러 놨어?" 그러면 아이는 잘못했다고 절대 시인하지 않는다. "어질러가 뭐야?" "여기 봐, 종이를 이렇게 마구 찢어 놨잖아!" "찢어 놓은 게 뭐야?" "못 살아, 정말!" "왜 못 살아?" "자꾸 딴소리 할래?" "엄마 딴소리가 뭐야?" 사실 아이는 자기가 잘못한 것, 엄마가 그에 대해 나무라는 것을 너무도 잘 알고 있다. 다만 이렇게 질문 공세를 퍼부으면 엄마가 그만한다는 것을 아이는 너무나 잘 알고 있다. 최저시급에 대한 논쟁을 한다고 생각해 보자.

사측: 1만 원은 너무 많습니다. 생각을 해 봅시다. 이렇게 하면 1주일에 40시간이면 40만 원, 4주만 해도 160만 원입니다. 이 돈은 9급 공무원 월급보다 많습니다.

노측: 최저시급을 왜 만든다고 생각하십니까? 그리고 누구를 위해 최저시급을 만든다고 생각하십니까? 공무원들을 위해 만든다고 생각하십니까? 정규직을 위해 제정해야 한다고 생각하십니까? 파트 타임으로 일하는 사람들을 위해 만드는 것 맞죠?

사측: 네.

노측: 그렇죠! 인정하시죠! 그렇습니다. 최저시급은 대부분 하루에 몇 시간, 한 달 기껏해야 50-60시간인 사람들을 위한 것입니다. 그분들 받아 봐야 50-60만 원, 그것 갖고 생활비 안 됩니다.

사실 비정규직 노동자가(또는 알바생이) 한 달에 몇 시간을 일하는지 모른다. 그러나 사측이 주장하는 것에 대해 딴지를 걸어야 한다. 사측에서는 160시간 일을 한다고 주장하지만 노측에서는 아무도 그렇게 생각하지 않는다고 주장해야 한다. 오히려 더 적게 (60시간 정도) 일할 것이라 대답하도록 계속 질문 공세를 취해야 한다. 그리고 사측에서 노측의 발언에 대해 시인하는 발언이 나오면 즉시 그것을 공표하면 된다. 이렇게 질문공세를 퍼부으면 사측에서는 노측의 실수

나 허점을 간과하고 만다. 이는 거꾸로도 가능하다.

　문학으로 눈을 돌려 보면 사랑하는 사람 사이에도 이런 일이 자주 일어나는 경우를 보게 된다. 중세의 철학자 아벨라르와 그의 제자 엘로이즈 사이의 사랑을 모델로 만든 소설이라는 루소의『신엘로이즈』는 한 남자와 여자의 낭만적인 사랑이 그려져 있다. 쥘리 데 탕주는 스위스 베베Vevey 지방의 호숫가에서 부모님의 집에 살고 있다. 쥘리의 교육을 맡은 사람은 바오 생-프뢰였다. 두 사람은 사랑에 빠지지만 아버지 데탕주 남작은 남자의 낮은 신분을 이유로 반대한다. 둘은 이제 편지로 사랑을 이어 가기로 한다. 어느 날 쥘리의 키스로 완전히 그녀에게 빠진 생-프뢰는 감동의 편지를 보낸다. 그러자 쥘리는 이미 이전에 쥘리에게 복종을 약속한 그에게 떨어져 있자는 편지를 쓴다. 그러면서 경제적인 어려움을 덜어 주기 위해 돈을 조금 넣었다고 쓴다. 그러자 생-프뢰는 그것이 모욕적이라면서 돈을 돌려보내겠다고 한다. 이에 질세라 쥘리는 이렇게 반박의 편지를 보낸다.

　… 당신에 이제까지 쓴 것 중 유일하게 생각 없이 쓴 것이에요. 도대체 제가 당신의 명예를 모욕한다고요? 당신의 명예를 위해서라면 제 목숨이 천 개라도 다 바치려는데, 제가 당신의 명예를 모욕한다고요? 배은망덕한 사람! 당신에게 저의 명예를 내맡길 각오가 되어 있는 것이 보이지 않나요? 도대체 뭘 보고 제가 당신의 명예를 모독한다는 거예요? 말해 보세요. 비굴한 사람. 신중하지 못한 사람. 아! 당

신은 얼마나 비열한지 몰라요. 만일 당신이 쥘리가 모르는 어떤 명예만을 가지고 있다면 말이에요! 운명을 함께하고자 하는 사람들이 어떻게 뻔뻔스럽게 자신들이 가진 것을 나누어 갖지 않을 수 있나요. 저의 사람이라고 고백하면서 제가 드리는 것에 모욕을 느낀다고요? 언제부터 그렇게 사랑하는 사람에게서 받는 것을 불명예스럽게 생각하셨나요? 마음에서 우러나 드리는 것인데 받는 마음의 명예를 손상시킨다니, 언제부터 그렇게 느끼셨나요? 다른 사람한테 도움을 받는 사람이 경멸의 대상인가요? 돈이 없어 필요한 것을 못 사는 사람이 멸시의 대상인가요? 어떤 사람들이 그를 멸시하지요? 그들은 부에 명예를 걸며 금에 미덕이 있다고 주장하는 천박한 영혼들이에요. 덕이 있는 사람이 그런 저속한 원칙에 명예를 거나요? 그 이유의 편견 그 자체는 가장 가난한 사람에게 유리한 것이 아닌가요?[6]

이렇게 계속 질문공세를 퍼부은 쥘리에게 상대는 어떻게 대응했을까? 쥘리에게 보내는 답장은 이러했다.

당신의 선물을 받겠습니다.[7]

그렇다. 질문공세를 통해 필요한 것보다 더 많은 인정을 받아 낼

6 장 자크 루소, 『신엘로이즈 1』, 김중현 옮김, 책세상, 2012, 99–100쪽.
7 같은 책, 101쪽.

수 있다. 아마도 쥘리는 생-프뢰에게서 확실한 복종의 사랑까지 받아 냈을 것이다.

가령 대학 당국이 등록금을 올리려고 한다. 그런 상황에서 우리는 이 전술을 사용할 수 있다.

> **총장:** 학교가 운영이 되기 위해서는 등록금을 올려야 합니다.
>
> **학생:** 학교 운영은 누구를 위한 겁니까? 학교는 누구 때문에 운영이 되죠? 학교가 총장을 위한 학교입니까? 교수들을 위한 학교입니까? 그리고 학생들이 등록금 거부 투쟁을 하면 학교는 어떻게 되죠? 매년마다 등록금을 올리는 것은 무슨 행사입니까? 총장은 업무추진비를 반납할 생각 없습니까? 관용차를 타지 않으면 안 됩니까?
>
> **총장:** 아닙니다. 학교는 학생들을 위한 제도입니다.
>
> **학생:** 그렇습니다. 옳으신 말씀입니다. 학교가 학생들을 위한 제도인 만큼, 그리고 학교가 학생들의 등록금으로 운영되는 만큼 학생들의 고통을 담보로 학교가 운영되어서는 안 됩니다.

모 방송국 모 앵커는 끝까지 질문을 잘 해내는 언론인으로 유명하다. 한번은 김무성 새누리당 전 대표가 방송에 출연하여 그와 대화를 나누었다.

앵커: 그 말씀을 제일 하고 싶었던 말씀이셨던 것 같은데 그래서 그 개헌을 고리로 해서 탄핵에 찬성하는 의원들을 모으고 있다, 이런 얘기도 물론 듣고 있습니다마는. 혹시 그것이 내각제 개헌이라면 지난번에 말씀하실 때 총선 출마도 안 한다, 이번에는 대선 출마도 안 한다. 내각제 개헌으로 가면 총선 출마는 하셔야 되겠네요?

김 대표: 그건 아직 생각을 안 해 봤습니다.

앵커: 생각을 안 해 봤습니다 하시면 총선 불출마 생각은 번복될 수 있다라고 이해할 수도 있습니다.

김 대표: 저는 저 개인적 정치 미래 설정을 이번 대통령 선거에 출마를 해서 당락에 관계없이 이제 정치를 그만하겠다는 그런 생각을 했기 때문에 총선 불출마를 선언했었는데, 대선 제가 출마를 안 하겠다고 결심했기 때문에 그 문제에 대해서 조금 생각을 해 봐야겠습니다.

앵커: 총선 불출마는 다시 한 번 재고할 가능성이 있다라는 것으로 그럼 이해를 하도록 하겠습니다.

상대에게 질문하는 태도를 통해 자신의 주장이 옳음을 입증할 수 있다. 한꺼번에 많고 포괄적인 범주의 질문을 해야 이해가 느린 사람에게 논증과정을 정확하게 짚어 낼 수 없도록 만들 수 있기 때문이다.

7

상대를 화나게 만들어라

주옥 같은 한국단편문학의 목록에서 김유정의 『동백꽃』을 빼놓을 사람은 없을 것이다. 또한 학교 다닐 때 황순원의 『소나기』만큼이나 이 작품을 인상 깊게 읽은 사람이 수없이 많을 것이다. 닭싸움을 이용한 점순이의 관심을 알 리가 없는 바보 같은 주인공 '나'는 자기 닭이 항상 당하는 꼴을 볼 수가 없었다. 더더구나 점순이는 화자인 '나'에게 약을 올리기까지 한다. 그러나 이렇게 상대의 관심을 끌기 위해 화를 내게 한다는 것을 소설의 주인공 '나'는 알아차리지 못한다. 점순이는 닭싸움과 같은 나쁜 짓으로 관심을 끌려고 애쓰기도 하지만 감자를 주면서 유혹을 하기도 한다. 점순이가 화자인 '나'가 매몰차게 거절하자 이번에는 이런 말로 화를 돋운다.

"이 바보 녀석아!"

"얘! 너 배냇병신이지?"

그만도 좋으련만

"얘! 너 느 아버지가 고자라지?"

결국 이런 전술로 화자는 점순이의 계략에 말려들고 말지만 본인
은 정작 그것이 계략이라는 것을 알지 못한다. 이 소설은 현실적 제
약으로 인해 상황을 제대로 파악하지 못하는 '나'의 심리와 행동은
근대의 문제성 있는 개인을 아이러니라는 기법으로 그려 놓고 있
다. 그런데 이런 문학적 이슈보다 여기서 우리는 훌륭한 논쟁의 전
술을 찾아볼 수 있다. 쇼펜하우어는 이렇게 말한다. "상대를 화나게
하라. 왜냐하면 화가 난 상태에서는 바르게 판단할 수 없고, 자기가
유리한 상황에 있음을 알지 못하기 때문이다."[8] 방법은 그저 질문
형식을 통해 노골적으로 악담을 하거나 트집을 잡거나, 그냥 뻔뻔스
럽게 대하면 그만이다. 점순이처럼 아무런 관련이 없는 말을 통해
서 말이다.

    우리의 기억에 남아 있는 이런 전술을 쓴 최고의 대가는 역시 18대
대선에서 혁혁한 공을 세운 이정희 통진당 전 후보일 것이다. 그는
대선 토론에서 이렇게 말했다. 물론 상대는 박근혜 전 후보였다. 당
시 이정희 후보가 박근혜 후보에게 날린 돌직구 발언들은 이렇다.
이 이야기는 지금도 이정희 어록으로 여겨질 정도로 트위터에 SNS

상대가 무엇을 시인하여 신뢰를 잃도록 하는 방법들

에 일파만파 퍼져 나갔다.

충성혈서 써서 일본군 장교가 된 다카키 마사오, 누군지 알 것이다. 한국이름 박정희. 군사 쿠데타로 집권하고 한일협정을 밀어붙인 장본인이다. 유신독재를 하고 철권을 휘둘렀다. 뿌리는 숨길 수 없다. 박근혜-새누리당이 한미FTA를 날치기해서 경제주권을 팔아넘겼다. 대대로 나라주권 팔아먹는 사람들이 (오히려) 애국가를 부를 자격이 없다.

상대를 화나게 만들어라. 그렇게 하면 성공한다. 그럼에도 이 경우는 실패를 하고 말았다. 상대가 화를 내지 않자 모든 것이 헛수고가 되고 오히려 역풍이 불었다. 왜 그렇게 되었을까? 그것은 아마 말하기(논쟁) 형식에 그 비밀이 있을 것이다. 만약 이렇게 고쳐서 이야기하면 어떨까? 선포 대신 질문으로.

박근혜 후보님, 일본군 장교 다카키 마사오, 누군지 아시는가요?
(그렇습니다. 박정희의 일본 이름입니다.)
군사쿠데타로 집권하고 한일협정을 밀어붙인 분이 누구시죠?

유신독재를 하고 철권을 휘두른 사람은요?
한미FTA를 날치기해서 경제주권을 팔아넘긴 사람들은 누구죠?

이렇게 청중의 호응을 이끌어 내는 질문식의 형식이 상대를 화나게 만드는 데 더 좋은 전술이 되었을 것이다. 다음은 친구들이 서로 말싸움에서 상대를 화나게 하는 이야기다.

A: 좋은 대학 나와서 좋은 여자 만나 가지고 결혼 잘 할 수 있는 것이 중요해.
B: 좋은 대학을 나와야 좋은 여자랑 결혼해?
A: 그럼!
B: 그래서 네가 대학, 대학 그러는구나.
A: 무슨 뜻이야?
B: 너 대학 못가서 9살 연상이랑 결혼했잖아.
A: 9살 연상 아니고 8살! 한혜진도 축구선수 기성용보다 8살 연상이잖아, 얼마나 예뻐?
B: 야, 거기는 한혜진이 32살이고 너는 네가 32살이잖아. 네 와이프 도대체 몇 살이야? 그리고 어디서 만난 거야? 엄마 동창회 따라갔다가 만난 거야?

친구 B는 A의 약점을 들추며, 즉 상대를 화나게 만들면서 A의 주장, 즉 좋은 대학을 나와야 좋은 여자 만난다는 주장을 반박한다. 사실 기혼자들 중에는 좋은 대학 나오지 않고도 좋은 여자랑 결혼한 사람 많다. 심지어 나이 차이를 문제 삼으며 상대를 코너로 몰아붙인다. 이때 화를 내면 싸움에서 진 것이다.

한편 정청래 의원은 최고위원회의에서 "홍준표 지사가 자신의 페이스북을 통해 골프 파문에 대한 입장을 밝혔다"고 입을 연 뒤 "업무 시간에 골프를 친 것에 대한 사과는 없고 구차한 변명만 늘어놓고 있다"고 지적했다. 정 최고위원은 그러면서 "홍 지사가 여과 없이 자신의 감정을 노출하고 있는데 사과를 하려면 남자답게 화끈하게 하면 될 걸 쩨쩨하게 변명이나 늘어놔 구차하다"면서 "평일에 골프를 친 공무원들이 직위해제를 받은 사례도 있는 만큼 홍 지사도 공무원 직무규정에 따라 징계처분을 받아야 한다"고 강조했다. 이것은 상대를 화나게 하는 전략이다.

김영춘이 유시민을 비판하며 했던 그 유명한 말은 지금도 우리의 입에 회자된다. "저토록 옳은 얘기를 어쩌면 그렇게 싸가지 없이 할까"라는 표현 말이다. 김영춘의 이 말을 유시민은 매우 아파했다. 유시민이 "싸가지 없다는 비판이 두고두고 나를 가두는 올가미가 될 것"이라고 침울한 목소리로 예언하듯 말하는 걸 들은 적이 있다. 그 무렵 유시민의 딸이 고교생이었다. 그 딸이 김영춘을 원망하며 아빠에게 했다는 말이 걸작이다. "그토록 싸가지 없는 얘기를 어쩌면 저렇게 예의 바르게 말할 수 있을까요?" 유시민한테 들은 얘기다. 상대를 화나게 만드는 뛰어난 언어 순발력이 아버지를 쏙 빼닮았다.

8

상대에게 우회적 질문을 하라

요즘은 그런 일이 그리 흔하지 않지만 우리나라에 자동차가 많지 않고 보험이 잘 정비되지 않은 시대에는 교통사고가 나면 사고 당사자들이 서로 싸우는 경우가 많았다. 처음에 한 사람이 "왜 끼어드는 거야?" "누가 끼어들었다고 그래!" 하면서 싸우다가, 한 사람이 불리해질 것 같으면 "반말하고 그래서 되겠어?" 그러면 상대도 이에 질세라, "당신은 왜 반말해?"라고 응수한다. 그러다보면 교통사고라는 사건의 본질은 흐려지고 만다. 처음에 싸움이 시작되었던 주제, 즉 '누가 끼어들었는가' 하는 문제, 그러니까 끼어든 원인자는 사라지고 그 자리에 도덕, 즉 사람의 예의가 등장하는 것이다. "버릇없는 놈"으로 시작되는 힐난이 뒤따르고, 욕설과 싸움이 따른다.

쇼펜하우어는 논쟁에서 불리하면 이렇게 우회적 질문의 방법을 쓰면서 자신의 전략을 숨기라고 충고한다. 우리는 이것을 소위 '주의 전환의 오류(red herring fallacy)'라고 말한다. 학문이론에서는 담론 변화라고도 하는데 변칙적으로 논쟁하라는 전술과 유사하다. 이 전술은 우리가 논쟁할 때 얻어 내려는 결론에 필요한 질문들을 조리 있게 하지 말고 변칙적으로 하라는 뜻이다. 아이가 용돈을 달라고 하면 "용돈 갖고 PC방에 가려고 그러지?" 같은 질문을 하지 말아야 한다. "너 누가 도와주려는 애가 있나 보지?" 아니면 "용돈 꾸어 달라고 하는 아이가 있구나?" 아예 용돈이라는 말을 안 쓰면 더 좋다. 그보다 "넌 진실한 사람이 더 좋아, 아니면 일단 먹고 보자 하고 행동하는 사람이 더 좋아?" 그러면 아이는 "왜 그런 질문을 하시죠?"라고 대답하거나 아니면 속으로 '왜 이런 질문을 하지?' 하고 헷갈려한다. 동시에 아이는 내가 어떤 대답을 원하는지 몰라 불안하게 된다. 그리고 그에 대한 대비도 할 수 없다. 하지만 나는 상대의 대답을 이용하여 다양한 결론을 이끌어 낼 수 있다. 심지어 상대가 어떻게 나오느냐에 따라 정반대의 결론을 끌어낼 수도 있다.

지난 번 속칭 '국정농단사태' 때 장시호 씨의 연세대 입학과정에 관한 논쟁이 있었다. 엉망인 성적으로 어떻게 명문인 연세대학교에 입학할 수 있었느냐는 것이 주제였다. 우리가 발견할 논쟁의 기술은 이때 이런 방식으로 질문을 하지 말라는 것이다.

> 장시호 씨 성적이 반에서 53명 중에서 53등인데 어떻게 명문인 연세대학교에 입학을 할 수 있었던 것이죠?

이렇게 질문하면 상대는 당연히

> 장시호는 체육 특기생으로 들어왔기 때문에 성적은 상관없었습
> 니다.

라고 대답할 것이다. 이렇게 되면 상대에게 논쟁에서 지게 된다. 그
러나 주의전환의 오류라는 것을 무기 삼아 질문을 하려면 상대의 주
의를 헷갈리게 하는 질문을 해야 한다.

> 제가 예체능전형으로 연세대학교에 지원하려 합니다. 그런데
> 학교 성적이 많이 좋지 않아요. 예술분야에서 뛰어나지만 내
> 신성적은 좋지 않은 저 같은 학생들이 지금 연세대학교에 들
> 어갈 수 있습니까?

이렇게 물으면 상대는 학교 당국의 사람이므로 '예술분야에서 뛰
어난' 이라는 말에 주의력을 기울이기보다는 '성적이 좋지 않은'이라
는 말에 주의를 기울이게 된다. 그 결과 이런 대답을 할 확률이 높다.

> 좀 어려울 것 같습니다. 성적 또한 중요합니다.

이때 우리는 이렇게 말하면 된다.

> 그럼 장시호는 어떻게 입학했습니까? 53명 중에 53등을 하고
> 성적이 거의 '가'이던데요?

　그러니까 말하고자 하는 바를 숨기고 주의전환을 유도하는 질문을 하라는 것인데, 재미있는 것은 이 주의전환을 영어로 red herring 이라고 표현한다는 것이다. 왜 그들은 붉은 청어라고 표현할까? 청어는 18~19세기 영국 근해에서 많이 잡힌 물고기 중의 하나였다 한다. 청어를 훈제 처리하면 흰색의 청어는 붉은색이 되면서 아주 고약한 냄새가 난다고 한다. 사냥개를 훈련시키는 사냥꾼이 여우 냄새를 분간케 하는 훈련을 시키면서 이 고약한 붉은색 청어를 사용했다. 한편 동물보호 단체에서는 정반대로 이 청어를 사용하여 사냥개가 헷갈리도록 이 훈제된 청어를 사용하기도 했는데, 이때 상대의 주의를 헷갈리게 하다는 뜻으로 이 말이 쓰이게 된 것이라고 한다.(네이버 지식백과 참조.)

　이것은 앞에서 설명한 〈당신의 결론을 상대방이 미리 예측하지 못하게 하라〉와 유사한 것으로서, 나는 상대에게 나의 생각을 감추어야 한다는 뜻이다. 가령 어학연수에 대해 친구는 그것이 필요 없다고 주장한다. 그러면 나는,

나: 아냐, 어학연수 갔다 와야 제대로 영어를 할 수 있어.

> 친구: 어학연수는 좋지 않아. 돈만 버리는 일이야. 어학연수 간
> 다고 해서 영어실력이 늘어나는 것도 아니야. 전에 보니까
> 이보영 씨는 영어권 나라에 가 보지도 않았는데 영어만 잘
> 하더라.

이때 나는 어학연수 가는 것이 좋다는 식의 결론을 향한 질문을 해서는 안 된다. 또한 그와 유사한 다음과 같은 주장을 해서도 안 된다. 그러면 상대도 나와 반대되는 주장을 할 것이기 때문이다. 그러니까 다음과 같은 주장은 무용한 일이다.

> 1. 어학연수는 스펙을 쌓는 데 필수다.
> 2. 그만한 가치가 있는 것이지 돈을 버리는 것은 아니다.
> 3. 국내에서 영어를 배우는 것보다 현지에서 영어를 배우는 것
>   이 낫다

그 대신 예를 들어 나는 이런 질문을 할 수 있다.

> **나:** 너는 인생에서 신뢰를 중요시하니? 돈을 중요시하니?

그러면 친구는 얘가 왜 저러나 궁금해 한다. 방금 어학연수가 좋

다고 주장하던 애가 왜 갑자기 돈을 중요시하느냐 신뢰를 중요시하느냐고 묻지? 하면서 대답한다.

> **친구:** 신뢰를 중요시하지.
>
> **나:** 신뢰를 중요시한다는 친구가 돈이 든다고 해서 어떻게 어학연수가 좋지 않다는 해괴한 주장을 친구에게 하는지!
>
> **상대:** 내가 무슨 신뢰를 깼다고 그래!
>
> **나:** 지금 화내는 네 모습을 보니 내가 고민하는 어학연수라는 문제를 진정성 있게 생각하지 않는 것 같네. 친구를 별로 배려하지 않는다고!

이처럼, 나의 생각을 감추고 변칙적으로 상대에게 질문을 하는 것이 중요하다. 논쟁에 아무런 대비도 못한 상대의 대답을 통하여 나에게 유리한 결론을 이끌어 낼 수 있다. 우리는 항상 논쟁의 내용에 대해서만 생각하는 습관이 있다. 위와 같은 논쟁에서도 어학연수를 가는 것이 유리하냐 안하냐는 것은 보는 사람에 따라 다른 것이다. 그러므로 논쟁에서 중요한 것은 사안이 아니라 그것을 다루는 사람이라는 것을 알 수 있다. 이와 더불어 우리는 상대의 허점, 이를테면 사실은 자신이 없어 어학연수를 기피한다든가, 상대가 어학연수 가는 것을 질투한다든가, 친구가 더 잘하는 것을 두려워한다는가 하는 사실들을 알아낼 수도 있다.

9

생각에 반하는 시인을 하라

옛날에 아들 청개구리와 엄마 청개구리가 살았다. 아들 청개구리는 엄마의 말을 늘 반대로 듣는, 말하자면 말 안 듣는 자식이었다. 엄마 청개구리가 병들어 죽을 지경에 이르자 유언을 남겼는데, 양지 바른 곳에 묻어 달라고 하면 아들 청개구리는 틀림없이 말을 듣지 않고 반대로 할 것을 예상한 터였다. "내가 죽거든 산에 묻지 말고 개울가에 묻어라." 엄마 청개구리가 죽고 난 뒤 아들 청개구리는 그간의 자신을 돌아보며 반성하였다. 그리고 이번에야말로 엄마 말을 들어야겠다고 생각하고 유언대로 엄마의 시신을 개울가에 묻었다. 그 후 아들 청개구리는 비가 올 때마다 무덤이 떠내려갈까 봐 울게 됐다.

사실 우리 인간은 일상에서든 논쟁에서든 상대의 말을 잘 듣지 않는다. 상대의 말이 옳다고 하더라도 일단 반대부터 한다는 점에서 청개구리를 매우 닮았다. 내가 주장을 정당화할 목적으로 상대에게 한 질문에 대해 상대가 의도적으로 거부하리라는 것을 알게 되는 경우가 있다. 예를 들어, 아이에게 "칫솔질하고 자야지" 그러면 아이 입에서 "싫어! 난 그냥 잘 거야"라는 대답이 나올 것이 분명히 예상된다면 이 말을 해서는 안 된다. 그 대신 내가 하려고 했던 말의 정반대로 말해야 한다. "칫솔질하지 말고 자거라!" 그렇게 말해야 한다는 것이다. 아이가 마치 내가 아이의 생각에 동의할 것을 알기라도 했다는 듯이 말이다. 그러다가 아이가 말 안 듣는 것이 습관이 되면 어떻게 하느냐고 의문을 가지는 사람들이 있을 것이다. 만약 그럴 것 같으면 그 다음 전략을 펴야 한다. "그러면 입안에서 호랑이가 나타나서 이빨을 하나씩 빼 갈지도 몰라!" 이렇게 하기 싫다면 최소한 어떤 주장에 동의를 할지 하나를 선택하게 하는 주장을 해야 한다.

> **아이:** 칫솔질 꼭 해야 돼? 싫은데….
> **엄마:** 안 하고 자도 돼… 하고 자도 되고… 하고 자면 예쁜 꿈을 꿀 수 있고 안 하고 자면 무서운 꿈을 꿀 수도 있어….
> **아이:** 그럼 나 하고 잘 거야.

마치 상대가 어느 것에 동의를 해야 될지 모르게 하라는 것이 쇼펜하우어가 가르치는 논쟁술이다. 일상에서 우리는 이런 장면을 자주 겪게 된다. 몇 년 전에 필자는 호주에 글로벌 챌린저 프로그램으로 학생들과 함께 간 적이 있었다. 어느 날 봉사활동과 관광지 탐방

후 3명의 학생들이 무려 15분이나 늦게 온 적이 있다. 이때 우리는 학생들을 나무라서는 별로 좋은 효과를 볼 수 없다고 보고 이런 전략을 선택하였다.

> **학생들:** 죄송합니다. 늦게 와서….
>
> **나:** 예정된 시간보다 늦게 올 수 있습니다. 그렇죠? 난 여러분들이 늦게 올 수 있는 권리가 있다고 생각합니다. 아니면 어떻게 생각하시나요?
>
> **학생들:** 예, 맞습니다.
>
> **나:** 대신 저에게도 시간에 맞춰 떠날 수 있는 권리가 있습니다. 그러니 앞으로 여러분들은 얼마든지 늦게 와도 좋습니다. 다만 저는 정확한 시간에 출발하도록 하겠습니다.

그야말로 늦게 와도 좋다는 뜻이 아니게 되었다. 그리고 학생들에게 나쁘지 않은 인상을 남길 수 있었다. 이는 MBC 백분토론 때 나경원 의원과 유시민 전 장관이 논쟁한 것과도 유사한 전략이다.

> **나경원:** 우리가 좀 더 성숙한 국가로 나가기 위해서는 국민들이 좀 더 법치주의를 잘 지켜야 합니다.
>
> **유시민:** 네, 당연하죠, 우리나라는 법치주의 국가이며 국가가 이런 이념에 따라 운영이 되어야 합니다. 다만 법치주의

다른 일상적인 예를 들어 보자. 가령 집을 나가겠다고 하는 자녀
에게 부모는 어떻게 해야 할까? 우리는 먼저 생각에 반하는 시인을
할 필요가 있다.

자녀: 엄마 아빠 잔소리 이제 지긋지긋해서 같이 못 살겠어요.
독립하고 싶어요.
부모: 그래? 독립해라. 나도 네가 독립하길 바란다. 하지만 집
보증금, 월세, 용돈은 당연히 네 스스로 해결하길 바란다.
자녀: ….

이런 사례는 이미 고려시대에도 있었다. 서희의 담판으로 대표

되는 고려의 외교적 수사에도 이런 전술을 살펴볼 수 있다. 1301년 7월 28일 몽골에 파견된 성절사 김태현이 황제의 생일을 축하하는 사신으로 원에 파견되어 상도에 도착하였는데, 마침 환제는 감숙甘肅에 행차하였으므로 조서를 내려서 천하의 진공사는 모두 경사京師에 가서 머물러 있으라고 하였다. 그러자 김태현이 중서성中書省에 다음과 같이 말하였다.

우리나라가 대국을 섬긴 이래 세시歲時 때마다 조정에서 하례 드리는 일을 일찍이 빠뜨린 적이 없었습니다. 경사京師에 머물라고 하는 것은 황제의 명령이지만 행재소까지 가라고 하는 것은 우리 임금의 명령입니다. 내가 황제로부터 벌을 받을지언정 감히 우리 임금의 명령을 저버릴 수 없습니다.[9]

결국 김태현은 하례 드리는 일은 마땅히 해야 한다는 점을 시인하면서도 사실은 자신의 임금이 명한 것이 몽골의 황제가 명한 것보다 우선순위임을 강조한 것이다.

9 『고려사』, 열전 24, 김태현.

10

시인한 것에서
서둘러 결론을 내라

개그콘서트에서 2017년 6월부터 「퀴즈카페」란 코너를 신설했다. 필자도 가끔씩 보기는 하는데 정말 재미있다. 이 코너는 사회자로 등장하는 서태훈이 상금이 10억 원인 퀴즈를 출연자인 유민상에게 내고 그가 대답에 틀리면 그를 골려 먹는 개그로 구성되어 있다. 이 코너의 생명은 '시인한 것에서 무엇을 서둘러 결론을 내는 것'이다. 유민상이 말하기 곤란한 퀴즈를 내어 말할 수 없어서 망설일 때 나오는 비슷한 발음 멘트를 대답으로 결론 내고 유민상이 답답해 하면 그것으로 그를 골려 먹는 개그이다. 한 사례를 옮겨 왔다.

서태훈: 첫 번째 문제, 먼저 보기부터 드리도록 하겠습니다. 1번 유시민.

유민상: 어?

서태훈: 2번 손석희.

유민상: 아이구야.

서태훈: 3번 전원책.

유민상: 야 이거 토론의 대가들이다….

서태훈: 문제 드리도록 하겠습니다. 다음 중 가장 말하는 게 마음
에 안 드는 사람을 고르시오.

유민상: (의아해 하고 난처해 하는 표정)

청중: 오오….

유민상: 아니 여러분은 제가 이거를 정답을 말할 거라고 생각하
세요?

서태훈: 자…자…유민상 씨 그냥 편안하게…음… 이 사람이 말할
때마다 나는 짜증이 난다 하는 사람을 고르세요.

유민상: 왜요? 저…씨….

서태훈: 제이티비씨? 손석희 사장님을 말씀하시는 것 같은데요.

유민상: (손사래를 치며) 아…내가 언제…나 원…참….

서태훈: 원…책… 정확한 발음으로 원책이라고 지금….

물론 청중에게 웃음을 주려는 이 논쟁은 어떤 극단을 보여 주지
만 여기서도 인간들이 하는 논쟁의 일면을 그대로 담고 있다. 우리
가 일반적으로 입증을 하고 증거를 들이대는 귀납적인 논쟁을 할 경

우, 상대는 논쟁을 생기게 한 개별 사건들을 시인하게 된다. 그러나 이 경우 그 자리에서 입증을 하려면 경우에 따라 한 편의 논문이 필요할지도 모르고 이런 상황에서 청중이 그것을 기다릴 수도 없다. 그러기에 우리는 여기서 서태훈이라는 사회자처럼 상대 유민상이 이런 퀴즈에 대한 보편적 진리를 인정하는지 묻거나, 기다릴 필요가 없다. 그보다는 그가(유민상이) 발언하고 난 뒤 확고한 진리를 시인한 것으로 간주해 버리면 그만이다. 이렇게 되면 상대 스스로도 억울하지만 그 진리를 시인한 것으로 생각하고 심지어 청중들도 그렇게 생각한다. 청중들은 사실의 진위여부나 진실에 대한 관심은 없고 이기기 위해 사용되어야 할 개별 사건들에 대한 많은 질문(결론)들만 기억하고 만다. 현실에서도 그런지 한번 살펴보겠다.

　나의 강의를 듣는 학생은 학원에서 과외 아르바이트를 하는데 이 강의를 듣고서는 다음과 같은 자신의 경험을 이야기해 주었다.

선생(나의 학생): 너 학원 올 때마다 영어성적 올리고 싶다고 했지?

학생: 네….

선생: 그럼 네가 지금 열심히 하고 있다고 생각해? 지금 반에 있
　　는 다른 아이들보다 열심히 하고 있다고 생각해?

학생: 지금 반 친구들이랑 거의 비슷하게 하고 있다고 생각해요.

선생: 거봐. 네가 지금 노력을 덜 하는 거야. 비슷하게 하면 성적

시인한 것에서 서둘러 결론을 내라

선생은 학생이 한 말을 곧바로 스스로 시인한 것으로 간주하고 서둘러 결론을 내고 있다. 학생의 의견과 공부를 열심히 하는 것에는 아무런 관심이 없고 오로지 논쟁에서(자기가 한 말) 이기고자 하는 본성만 갖고 있다. 굳이 애꿎은 나의 학생이 아니더라도 대부분의 엄마들은 아이가 열심히 (공부하고 있을 경우에도) 공부하지 않는다고 서둘러 결론을 내고 싶어 한다. 왜 그럴까? 그것은 그렇게 해야 아이가 쉼 없이 공부해서 경쟁에서 이길 수 있다고 믿기 때문일 것이다. 이런 논쟁의 기술은 사실 개별 사안에서 보편적 진리를 시인하게 하기라 할 수 있다. 나쁜 대학이라는 주장을 하기 위해서 우리는 다음과 같이 서둘러 결론 내면 된다.

> **상대:** 경북대학교 학생들 뭐하나 낮에 교정에 돌아보세요. 전부 술 마시고 있어요. 일청담 옆에서 치킨 시켜 놓고 맥주 마셔요. 보기가 민망해서 시계탑 옆에서 대학원동 쪽으로 걸어가다 보니 나무 아래에서 대학생들 여럿이 소주 시켜 놓고 마시고 있어요.
>
> **나:** 경대 학생들이 공부는 안 하고 술만 마시는 학교라 이 말씀이시군요. 그리고 학생들은 술꾼이라 이 말이군요.

그리고 등록금 인상에 반대하기 위해서는 다음과 같이 하면 된다.

> 학교: 등록금을 올려야 합니다.
>
> 나: 왜 올려야 하죠?
>
> 학교: 물가가 올랐습니다.
>
> (자기에게 불리한 것은 말하지 않을 것이다.)
>
> 나: 총장님 업무추진비도 올라갑니까? 그리고 글로벌 플라자 유지비도 필요하시겠구요?
>
> 학교: 그렇습니다.
>
> 나: 결국 업무추진비 올리고 글로벌 플라자 유지비 때문에 학생들 등록금 올리겠다는 거군요.

다른 측면에서 보면 교육을 이렇게 해서는 안 된다는 생각과 사람을 대할 때 그렇게 얄팍하게 해서는 안 된다는 생각을 불러일으키는 논쟁의 경우이다. 가끔씩 전에 학교 다닐 때 기억에 남는 아주 나쁜 선생님이 하던 방식들이다. 그러므로 그에 대한 방어는 나(학생)도 서둘러 결론을 내면 된다.

> 선생: 거봐. 네가 지금 노력을 덜 하는 거야. 비슷하게 하면 성적이 안 올라. 남들보다 더 해야 오르는 거야.
>
> 학생: 나 혼자 열심히 해서 성적 오를 것 같으면 뭐 하러 내가 학원 오겠어요?

사실 생각해 보면 논쟁술이란 권력자가 약한 자에게 권력을 행하는 것 이상도 이하도 아닐 것이다. 상대를 판단하지 않고, 존중하며 사랑으로 대하기 위해서 우리는 상대의 말에 대해 이렇게 서둘러 결론을 내서는 안 된다.

4

재빨리
상대의 시인을
받아 내는
방법들

11

유리한 비유를 선택하라

어떤 아이가 스스로를 '공주'라고 칭하자 다른 아이가 '너는 공주는 공주인데 내 멋대로 공주'라고 말하며 논쟁에서 이기는 것을 본 적이 있다. 이처럼 우리는 논쟁을 할 때 나의 주장에 유리한 비유를 재빠르게 선택해야 한다. 예를 들어 '한국에는 두 개의 정당에 붙일 이름들이 있다. 하나는 종북당이고 다른 하나는 한국당이다'라고 한다면 그것은 분명 '자유한국당' 사람들이 붙인 이름일 것이다. 프로테스탄트란 이름 또한 프로테스탄트 본인들이 스스로 붙인 이름이다. 그리고 복음주의자란 이름도 그렇다. 그러나 가톨릭 교인들은 이들을 이단자라 이름 붙인다. 내가 하면 로맨스이고 네가 하면 불륜이다, 내가 하면 사회과학이고 네가 하면 이데올로기다 하는 식이 이런 원리에서 나온 말들이다.

이런 방법은 더 구체적인 것들을 명명하는 경우에도 해당된다.

예를 들어 상대방이 어떤 변화를 추구한다면 우리는 그것을 '진보'나 '좌파'라고 하면 된다. 왜냐하면 이 말은 보수주의자들에게 나쁜 뜻을 담고 있기 때문이다. 반대로 내가 스스로 변화를 추구할 때는 '개혁'이라고 말해야 한다. 어떤 사람이 보수를 추구한다면 우리는 그것을 '수구'라고 하지만 내가 그것을 추구한다면 '전통'이라고 말해야 한다. 내가 신앙에 충실하다면 '경건한' 사람, '독실한' 기독교인 등으로 말해야 하고 상대가 그렇다면 '광신도', '미신', '맹신에 가까운 믿음'이라 말하면 된다.

근본적으로 이 전술은 아주 잘 만들어진 선결문제 요구의 오류 petitio principii, 즉 순환논증에 속한다. 즉 어떤 사람이 자신이 말하고자 하는 바를 말로 표현하면, 즉 이름을 붙이면, 그 이름은 단순한 분석판단이라 보여진다. 상대가 나를 사랑한답시고 강제로 끌고 갔다면 나는 당연히 상대를 '납치'라고 해야 하고 상대는 '애정표현'이라고 말해야 한다. 어떤 사람이 '최태민 목사님'이라고 말하면 나는 '최태민 교주'라 불러야 하고 상대가 어떤 스님을 고승이라고 한다면 나는 '땡중'이라고 말해야 한다. 많은 논쟁의 전술들 중 이 전술은 거의 본능적이라 한 만큼 많은 사람이 자주 사용한다. 상대가 '맛있는 밥을 해 주었다'라고 한다면, 나는 그것이 '모래알 씹는 것 같았다'라고 말하면 된다. 이런 선결문제 요구의 오류는 크게 세 가지로 만들어진다. ① 참이라고 의심되는 핵심전제를 생략하는 경우, ② 결론의 내용을 전제에서 단어만 바꾸는 경우, ③ 전제가 결론을 지지하고 결론이 다시 전제를 지지하는 경우. 그에 대한 사례는 다음과 같다.

① 낙태는 금지해야 한다. 왜냐하면 살인은 금지되어 있기 때문이다.

② 히말라야를 오른 사람만이 진정 자연의 위력을 안다고 할 수 있다. 왜냐하면 히말라야를 모르는 사람은 자연의 거대한 힘을 알 수 없기 때문이다.

③ 그녀는 나를 사랑한다. 그녀는 그렇다고 내게 말했다. 그녀가 거짓말을 할 리가 없다. 왜냐하면 그녀는 자기가 사랑하는 사람에게 거짓말을 하지 않기 때문이다.

한번은 홍준표 대표와 안철수 대표가 만났다(물론 그 당시에는 당대표가 아니라 대권 후보였다). 그리고 어떤 자리에서 융합에 대한 논쟁을 했다.

홍준표: 우리 안철수 후보님이 융합이 전공이죠? 요즘 정책도 보니까 보수와 진보를 적당히 버무려서 융합으로 발표하고 이런 거 보니까 안철수 후보님의 전성시대가 올 것 같습니다.

안철수: 아까 홍준표 후보께서 말씀하신 것처럼 융합이라는 거는 버무려지는 게 아닙니다. 이건 하나로 합쳐지는 겁니다. 전혀 개념이 다르다는 것 말씀드리고 싶습니다.

안철수 후보는 여기서 홍준표 후보의 대인논증에 대해 사안논쟁을 하고 있다. 논쟁술의 대가인 홍준표 후보는 이렇게 나올 가능성이 많다.

> **홍준표**: 버무리는 거나 합쳐지는 거나… 그게 그거지요.[10]

그러면 안철수 후보는 다시 한 번 상처를 받는다. 상처를 받지 않고 화를 내지 않기 위해서는 다음과 같은 반박을 해야 한다.

> **안철수**: 홍 후보는 친박 진박 온갖 잡박 당에 있다 보니 융합을 잡박 같은 것으로 이해하시는 모양인데 융합이란 두 가지 이상의 기술이 화학적 결합으로 재창조되는 것을 말합니다. 과학을 좀 공부하시기 바랍니다. 하기야 과학이 아무나 할 수 있는 것은 아니긴 하지만 말입니다.[11]

이것이 유리한 비유를 빨리 선택하는 기술인 것이다. 굳이 이렇게 논쟁을 하지 않더라도 비유는 상대에게 나의 뜻을 폭넓게 감성적으로 전달하는 데 매우 유익하다. 그런데 우리가 단어나 어휘 차원에서가 아니라 하나의(또는 여럿) 문장 전체로 비유를 하는 경우도 종

---

10 이 문장은 내가 가공으로 만들어 낸 것이다.
11 이 문장도 내가 만들어 낸 것이다.

재빨리 상대의 시인을 받아 내는 방법들

종 볼 수 있다. 가령 예수는 여러 가지 비유를 통해 자신의 뜻을 전달하는데 그것이 참으로 의미심장한 경우가 많다.

젊은 청년: 길 가실 때에 어떤 사람이 여쭈오되 어디로 가시는지 나는 따르리이다.

예수: 여우도 굴이 있고 공중에 나는 새도 집이 있으되 인자는 머리 둘 곳이 없도다.(누가복음 9장 57-58절)

어떤 청년이 예수를 따르고자 하여 말하였는데, 엉뚱하게도 예수는 다른 비유의 말을 한다. 무슨 뜻일까? 내가 이 세상의 권력이나 재물을 얻으려 하는 줄 알거든 따라오지 마라, 아니면 그것을 알고도 따라오려느냐 하는 뜻일 것이다. 특히 우리나라 같이 정치적 타협 가능성이 잘 되지 않는 나라는 극단적인 비유로 상대를 비판하는 경우가 많다. 당파가 분명하던 조선시대는 오죽했겠는가? 김훈의 『남한산성』에는 논쟁하는 비유를 최명길의 내면을 통해 이렇게 표현하고 있다.

… 전하, 지금 성 안에는 말을 먼지가 자욱하고 성 밖 또한 말을 먼지가 자욱하니 삶의 길은 어디로 뻗어 있는 것이며, 이 성이 대체 돌로 쌓은 성이옵니까, 말로 쌓은 성이옵니까. (197쪽)

한쪽에서는 말을 먼지를 걱정하고 있고, 다른 쪽에서는 말馬먼지를 걱정하고 있다. 한쪽에서는 돌로 쌓은 성이라 하고, 다른 쪽에서는 말로 쌓은 성이라 한다. 논쟁의 세계에서는 진리와 진실은 없고 비유를 통한 욕망과 권력만이 존재한다는 것을 우리에게 보여 준다.

12

양자택일의 질문을 하라

누구나 한번쯤은 단순히 구경만 하고 나오려다가 물건을 사서 손에 쥐고 나온 적이 있을 것이다. 세일을 하고 있는 화장품 가게로 한 고객이 들어간다. 그러면 직원은 이렇게 묻는다. "뭐 필요한 거 있으신가요?", "어떤 걸 찾고 계세요?" 이런 질문을 하면 누구나 "아, 그냥 둘러보고 있어요"라는 식으로 둘러대면서 황급히 보고 가 버린다. 그러면 점원은 이 고객을 잡을 수도 없거니와 다음에 그 사람을 유치할 기회조차 잃어버린다. 우리가 직원이라면 어떤 말을 해야 할까? 아마도 양자택일의 질문을 하는 것이 좋을 것이다. 당신이 "마스카라를 찾고 계세요? 아님 아이라인을 찾고 계세요?"라고 묻는다면, 고객은 '다 써 가는 게 뭐가 있지?'라는 생각을 무심코 하게 되고 "마스카라요" 또는 "아이라인이요"라고 즉답을 하게 되는 것을 경험했을 것이다. 마스카라나 아이라인이 아니더라도 최소한 필요한 다른 화장품을 사 갖고 갈 확률이 높다는 점이다. 고객의 입장에서 이런 양자택일의 질문은 지금까지 하지 않았거나 모호했던 생각을 명확한 형태로 잡아 주어 구매를 유도할 수 있다. 고객의 구매 유도를 이끄는 방법으로 특별한 질문 방식은 바로 양자택일의 질문 방식이다.

논쟁에서도 마찬가지고 교육현장에서도 마찬가지다. 상대방이 어떤 입장을 취하도록 하기 위해 우리는 반대 입장을 제시하여 그에게 선택하도록 압박해야 한다. 그리고 이 반대 입장을 강하게 말해야 한다. 그러면 상대는 이상하게 보이지 않기 위해 자기 입장에 비해 훨씬 타당성이 있는 우리의 입장을 취할 것이다. 예를 들어, 상대가 아버지가 말하는 모든 것을 해야 한다는 주장을 할 경우, 우리는 상대에게 이렇게 물어야 한다. "부모님 말씀을 거역해야 합니까, 아니면 순종해야 합니까?" 나아가 어떤 일에 대해 이야기하다가 "자주"라는 말이 나올 경우, 우리는 그 "자주"가 항상 그렇단 말입니까, 아니면 몇 번이라는 말입니까 하고 물어야 한다. 그러면 상대는 "항상" 그렇다고 대답할 것이다. 이것은 마치 회색을 검은 색 옆에 두면 희게 보이고 흰색 옆에 두면 검게 보이는 것이나 마찬가지라고 할 수 있다.

마음에 드는 상대와 데이트하는 법도 마찬가지라 할 수 있다. 만약 남자인 당신이 여성에게 이렇게 묻는다면 그 대답은 뻔한 결과를 가져온다.

남자: 오늘 시간 있으세요?

여자: 오늘 바쁜데요.

남자가 여자에게 데이트 시간 있느냐고 물으면 이런 대답을 듣기 일쑤이다. 그런데 남자가

오늘 같이 식사하실래요? 아님 술 한 잔 할까요?

라고 묻는다면 여성에게서

그럼 식사나 하죠.

라는 대답을 얻어 낼 수 있다. 남자의 물음에 "아니요" 또는 "싫어요" 라고 대답할 수가 없다. 문법적으로 맞지 않기 때문이다. 아무것도 하지 않는다는 대답을 배제하고 물었기 때문에 둘 중에 하나를 선택해야 할 것 같은 생각이 드는 것이다. 최근에 송송 커플로 유명해진 송중기와 송혜교가 출연한 드라마 「태양의 후예」에는 이런 대화가 나온다. 유시진 대위는 상대의 의견을 묻지 않는다. 그냥 이렇게 말한다. 그러나 잘 살펴보면 양자택일의 형식이다.

다음 주말에 만납시다. 우리. 싫어요? 좋아요?

어디 그뿐인가! 유시진 대위는 돌발 키스 후 상대가 혼란에 빠져 있자,

사과를 할까요, 고백을 할까요?

이렇게 말함으로써 자신의 선택에 후회가 없음을 드러낸다. 이와 관련해서 더없이 좋은 사례는 국정농단사태와 관련된 국회청문회 에서 문화예술인의 블랙리스트 작성 여부에 대해 이용주 의원이 조 윤선 전 장관을 압박한 사례이다.

이: 지금도 블랙리스트가 없다고 생각하십니까?

조: 지금도 직원들이… 응….

이: 지금도 블랙리스트가 없다고 생각하냐고 물어봤습니다.

조: 의원님, 저는 그렇게 생각하지 않습니다.

이: 블랙리스트가 있는 것은 맞죠?

조: 직원들이… 특검에… 흐.

이: 블랙리스트가 있는 것은 맞죠?

조: 그렇게 특검에서 조사를 하고 있고… 그 전모가….

이: 증인, 그거만 대답하세요.

조: 곧 밝혀질 것이라고 봅니다.

이: 그거부터 대답하세요. 블랙리스트가 있는 건 맞죠?

조: 의원님, 제가 아까 말씀드린 것과 마찬가지로….

이: 증인, 블랙리스트가 존재하는 건 맞죠?

조: 제가 그 부분에 관해서 지난번 11월 30일에….

이: 조윤선 증인, 다시 한 번 묻겠습니다. 조윤선이란 … 이름이
란 것을 … 명예를 걸고 대답을 하세요. 블랙리스트가 존재
하는 게 맞습니까, 안 맞습니까?

조: ….

이: 누가 만들었는지, 누가 폐기했는지 모르지만 블랙리스트가
존재하는 게 맞아요, 안 맞아요?

조: 지금 특검에서 조사를 하고 있는 내용이….

이: 특검 말하지 마시고 증인이 알고 있는 것을 말하세요. 블랙
리스트가 존재하는 게 맞아요, 안 맞아요?

조: 지금 특검에서 조사를 하고 있는 내용이 언론에….

이: 조윤선 증인, 제가 어려운 거 물어보는 거 아니에요. 하나만 물
어볼 거예요. 블랙리스트가 존재하는 게 맞아요, 안 맞아요?

조: 정치적인 성향이나 이념에 따라서 이 예술가들이… 어… 이
지원에서 배제됐었던 그런 사례가 있는 것으로 지금 드러나
고….

이: 사례가 아니라 다시 말할게요. 문서로 된 블랙리스트가 존재
하는 게 맞아요, 안 맞아요?

조: 아… 이… 조사과정에서 그런 문서가 있었다는 그런 진술은
있었던 것으로 알고 있습니다.

이: 증인, 솔직하게 말하세요. 블랙리스트가 존재한다는 게 맞아요, 안 맞아요?

조: 하…음…(빨리 얘기하세요.)

이: 조윤선 증인, 블랙리스트가 존재한다는 게 맞아요, 안 맞아요? 그게 없으면 저희들이 물어볼 필요가 없잖아요!

조: 특정 예술인들을 지원에서 배제했던 사례가 있었던 것으로 파악이 되고 있고….

이: 사례를 물어보는 것이 아니라 리스트를 물어보는 거잖아요!

조: 그런 것이 어떤 내용으로 어떻게 작동되었는지에 대해서는 지금 조사가 진행 중이고 아직은 완료는 되지 않은 것으로 알고 있습니다.

이: 조윤선 증인, 그 조사 진행되는 것 저도 알고 있습니다. 그걸 물어보는 것 아니에요. 문건으로 된 블랙리스트 존재하는 거 맞아요, 안 맞아요?

조: 지금 여러 가지 정황으로 봤을 때….

이: 조윤선 증인, 어려운 말 물어보는 게 아니잖아요. 문건으로 된 블랙리스트가 존재하는 게 맞아요, 안 맞아요?

소: 예술인의 지원을 배제할 명단이 있었던 것은…있었던 것으로 여러 가지… 이런 사실에 의해서 밝혀지고 있는 것 같습니다.

이: 다시 물어볼게요. 블랙리스트가 존재한다, 안 한다. 예스, 노! 어느 게 맞아요? 존재한다, 존재하지 않는다!

이렇게 장황하게 전체 녹취록을 인용한 것은 그만큼 이 사례가
철두철미 양자택일의 질문을 끌고 간다는 것을 보여 주기 위함이
다. 처음에 이용주 의원은 블랙리스트가 없다고 생각하느냐고 물었
다. 그러나 그게 효과 없다는 것을 알자 이 의원은 '존재한다, 존재
하지 않는다', 즉 '예스Yes 노No'로 양자택일의 질문을 밀어붙인다. 조
전 장관이 이런 압박질문 대한 방어책을 구사하려면 '사안 논쟁'으
로 가거나 망설이는 모습을 보여 주며 거짓말하는 것 같은 인상을
주어서는 안 된다. 그보다는 이 의원과 마찬가지의 양자택일의 대
답을 단호하게 해야 한다. 조 전 장관은 그에 대한 방어책을 이렇게
해야 할 것이다.

이: 지금도 블랙리스트가 없다고 생각하십니까?

조: 저는 모릅니다.

이: 다시 물어봅니다. 지금도 블랙리스트가 없다고 생각하십
니까?

조: 의원님, 그건 제가 전혀 모르는 일입니다.

> 이: 증인, 솔직하게 말하세요. 블랙리스트가 존재한다는 게 맞
> 아요, 안 맞아요?
>
> 조: 의원님, 다시 한 번 말씀드립니다. 저는 본 적도 들은 적도
> 없습니다.

다시 말해, 양자택일의 질문에 대해서는 마찬가지로 양자택일의 대답을 하는 것이다. 질문을 받을 때마다 반복에 반복을 거듭하면서 부정하는 방법밖에는 대처법이 없다. 양자택일 질문의 전술은 미혼자인 성시경이 기혼자인 신동엽, 유세윤과 결혼생활이 행복한지 불행한지를 토론하는 장면에서도 드러난다. 성시경은 물론 결혼생활이 항상 행복하지는 않다는 생각을 가지고 있을 것이고, 기혼자들은 결혼생활이 불행하지는 않다는 생각을 가지고 있을 것이다. 이때 성시경은 이렇게 물어야 한다.

> **성시경:** 결혼생활이 행복합니까? 불행합니까?
>
> **유세윤:** 행복하죠. 가끔씩 불행하기도 하지만….
>
> **성시경:** 당신이 말한 '가끔씩'이란 것이 거의 그렇다는 것인지,
> 아니면 뭐 일 년에 한 두 번이라는 것인지….
>
> **유세윤:** ….
>
> **성시경:** 보세요. 말이 없는 걸 보니 그렇다는 뜻이고, 결국 결
> 혼 생활은 불행하다는 거죠.

아이들과의 대화에서도 이러한 방법은 때로 큰 효과를 보일 때가 있다. 칫솔질을 하지 않으려는 아이에게는 칫솔 두 개를 마련하고, "곰돌이 칫솔로 칫솔질할까? 아니면 토끼 칫솔로 칫솔질할까?"라고 질문하는 것이다. 아이는 칫솔질을 하지 않는다는 사실이 배제되었기 때문에 칫솔질을 해야 하는 건 당연한 거라고 받아들이게 된다. 그나마 선택권을 받은 아이는 둘 중 하나를 선택하게 되고 자신이 선택을 했기 때문에 자발적으로 칫솔질을 하게 된다.

아이에게 청소하라고 하면 아이는 하지 않을 것이다. "엄마랑 같이 청소할까?" 해 봐야 "싫어", "아니"라는 대답을 들을 수 있을 것이다. 그런데 "지금부터 엄마랑 같이 청소하려고 하는데 너는 신발정리를 할래? 아니면 장난감 정리를 할래?"라고 묻는다면 상황은 달라질 것이다. 그래도 "아무것도 안 할래"라고 대답한다면 "엄마 칭찬받는 게 좋아 아니면 혼나는 게 좋아?" 아이는 둘 중 하나를 선택해야 하기 때문에 자연스럽게 청소에 참여하게 될 것이다. 이러한 양자택일 형 질문을 사용하면 칫솔질을 하라고 잔소리 하지 않고도, 정리하라고 소리를 높이지 않고도 아이를 자발적으로 행동할 수 있도록 인도할 수 있다.

13

근거가 되지 않는 것을 근거로
당당하게 주장하라

『푸코의 진자』는 움베르토 에코가 쓴 추리소설이다. 이 소설의 「비나」라는 장을 읽어 보면 까소봉이라는 주인공이 나오는데, 그는 벨보라는 사람이 일하는 가라몬드 출판사에서 성당기사단의 비밀에 관한 원고를 보고 그와 이야기를 나누게 된다. 그 문서의 서문을 읽다가 까소봉은 이런 문구를 본다. "성전 기사들이 스코틀랜드로 탈출했다는 것은, 그로부터 650년이 지난 오늘날까지도 의용 성전 기사단 전설에 귀를 기울이는 세계의 비밀 결사가 있다는 것만 보고도 알 수 있다. 바로 그 성전 기사단의 밀지密旨가 계승되어 온 것이 아니라면 이것을 무엇으로 설명할 수 있겠는가?" 까소봉은 이 글을 읽고 난 뒤, 곧장 이 책의 서문이 근거가 되지 않는 것을 근거로 삼음으로써 자기주장을 강화하는 것이라고 힘주어 말하고 있다. 그러면서 까소봉은 이런 논리는 마치 "고양이가 장화를 신고 후작의 시중을 들었다는데 어떻게 카라바 후작은 이 세상에 존재한 적도 없는 사람이라고 우길 수 있겠는가?" 하고 주장하는 바와 다를 바 없다고 말한다.[12]

쇼펜하우어는 논리적으로 순환논증의 성격을 가진 이런 주장을 의기양양한 태도로 주장할 것을 주문한다. 우선 상대에게 여러 가지 질문을 쏟아 내라. 그러면 상대는 대답을 할 것이다. 이 대답이 우리가 얻어 내려는 결과와 상응하지 않더라도 그것을 근거로 마치 내가 말하려는 의도가 드러난 것처럼 의기양양하게 큰소리치라는 것이다. 상대가 소심하다면 이 방법은 더욱 잘 통할 것이다. 말하자면 이것은 "근거가 되지 않는 것을 근거로 가정하여 속이는 전술"[13]이다. 이런 일은 우리의 일상에서 너무나 잘 일어난다. 가령 주일성수(일요일에 다른 어떤 일도 하지 않고 교회 일에만 봉사하는 것)를 거부하는 남편에게 조그만 교통사고라도 난다면 아내는 이렇게 말하면 된다. "그것 보라니까 당신이 주일을 잘 지키지 않으니까 하나님이 벌을 주는 거라고!" 사실 두 사건 사이에 별 인과관계가 없는데 인간이 믿음이라는 강한 인과관계의 원칙을 고수하는 한 이런 전략은 통할 것이다.

일상에서 우리는 이런 일을 자주 접한다. 아들이 공부하지 않는다고 아버지가 비난한다면 똑똑한 아들은 이렇게 대응할 것이다.

---

12 움베르토 에코, 『푸코의 진자』, 이윤기 옮김, 2016, 147쪽.
13 『논쟁술』, 57쪽.

재빨리 상대의 시인을 받아 내는 방법들

아버지: 성적 받아 오는 꼴을 보니 형편없는 학생이군.

아들: 제가 그렇게 형편없는 학생이라구요? 제게 장점이 하나도 없다, 이런 말씀이세요?

(이때 상대가 반응을 하지 않는다면 다양한 질문을 하면 된다. 지난 번 제가 봉사상 받았을 때는 훌륭한 아들이라고 하지 않았습니까? 등등.)

아버지: 장점이 있긴 하지. 거짓말은 하지 않고 성적표라도 보여 주는 것을 보면….

아들: 그렇죠!? 그러기에 저는 형편없는 아들은 아니란 말입니다.

성적표 보여 준 것 하나만으로는 형편없는 아들이 아니라는 주장의 근거가 되지 못한다. 아버지는 그런 식으로 말도 안 되는 주장을 하는 학생이 바로 형편없는 학생이라고 말하면 된다. 정치권에서는 이런 일이 비일비재하다. 그들은 가족도 아니고 형제도 아니며 친구도 아니다. 논쟁하는 사이는 오로지 적만 있을 뿐이다. 2012년 9월, 18대 대선 D-99 MBC 백분토론에서 곽노현 교육감이 교육감 선거 도중 사퇴한 박명기 후보에게 선거비 보전 명목으로 2억 원을 계좌에 입금하였다는 검찰 중간수사에 대해 토론을 펼친다. 이때 패널이었던 국민대 홍성걸 교수가 돈세탁을 했다는 용어를 사용하자 민주당 최재천 의원은 다음과 같이 근거가 되지 않는 것을 근거로 공격을 한다.

근거가 되지 않는 것을 근거로 당당하게 주장하라

최재천: 홍성걸 교수님은 정말 대단한 금융 전문가고 수사 전문
가로 보입니다. 이 사건에서 '돈세탁'이라는 정보는 어디
서 들으셨습니까? 저는 처음 듣는데요.

홍성걸: 보도에 나왔잖아요.

최재천: 보도를 다 믿으십니까? 그냥 일방적인 보도인데 믿으십
니까? 어디에 '돈세탁'이라는 말이 나옵니까? '돈세탁'의
의미가 뭡니까? 세탁기 돌리는 겁니까? '돈세탁'이 아니
에요. 왜 그게 '돈세탁'입니까? 내밀하게 준다고 그것이
'돈세탁'입니까? 그 다음에 두 번째로요. 검찰이 아직 수
사 중인 사건인데, 피해사실 보도자료를 냈다고요? 정말
검찰이 그랬습니까? 그걸 믿어도 됩니까?

뒤에서(김재원 의원): … 보도자료를 낸 적은 없죠.

최재천: 없죠? 근데 왜 보도자료를 냈다고 그러십니까? 그것 자
체가 피의사실 공표에요! 얼마나 지금 위험한 말씀을 하
고 계십니까? '돈세탁'했다. 검찰이 보도자료 내서 보도
한 거다. 대단히 위험하신 말씀하고 계세요. 또 다른 명
예훼손입니다. 이게 낙인이에요.

홍성걸: 이게 낙인….

최재천: 이게 낙인이에요. 아직 확정되지도 않은 사실을 무죄추
정원칙에 따라야 할 사안이! 피의사실 공표는 우리 헌법
에서 처벌하라고 하고 있습니다.

홍성걸: 아니 하지만 결론적으로….

대화의 처음부터 "금융 전문가", "수사 전문가"란 용어를 사용하면서 최 의원은 홍 교수를 몰아간다. 언론 보도를 "일방적인 보도"라고 '근거 없이' 당당하게 결론 내고 있다. 그리고 그는 검찰이 보도자료를 낸 적이 없는데 "보도자료를 냈다고" 한 것이 피의사실 공표라고 서둘러 결론을 내고 있다. 그렇게 했다 하더라도 그것은 허위사실 유포이지 "피의사실 공표"는 아니다. 그리고 한 걸음 더 나아가 이것이 "명예훼손"이고 "낙인"이라고 몰아붙이지만 그것은 언론보도에 대한 토론으로서 "명예훼손"도 아니고 홍성걸 교수가 재판관도 아니기에 "낙인"도 아니다. 아직 확정되지도 않은 사실이지만 언론에서 토론할 수 있는 것이므로 무죄추정이라는 것은 법의 심리과정에 적용되는 것이지 이 토론에 적용되는 것은 아니다. 다시 말해 최 의원은 근거가 되지 않는 것을 근거로 상대를 몰아붙이지만 상대는 꼼짝도 못하고 꿀 먹은 벙어리가 되는 것이다.

충고하고 싶은 것은 종편에서 논쟁이나 토론을 하는 사람들은 사안을 많이 아는 것보다 이런 식으로 논쟁을 어떻게 자기편으로 이끌어 가느냐를 배우고 난 뒤 토론에 임하는 것이 훨씬 유리하다. 만약 홍 교수가 그것을 알았더라면 이런 식으로 휘둘리지는 않았을 것이다. 돈세탁이라는 정보는 어디서 들었느냐고 할 때, 그것은 "정보가 아니라 내가 그렇게 생각한다"고 하면서 "그게 돈세탁이 아니면 무엇이 돈세탁이냐?"고 주장하면 된다. 그런데 그는 엉뚱하게도 "보도에 나왔잖아요"라고 대응한다. 그다음은 더 문제다. "일방적 보도"라고 몰아칠 때, "일방적인지 아닌지는 우리가 오늘 여기서 토론

근거가 되지 않는 것을 근거로 당당하게 주장하라

해 봐야지요"라고 대응하면 된다. 돈세탁이 아니라고 주장하면 "그 것은 당신의 주장이구요"라고 맞서면 된다. 그리고 돈세탁의 의미 가 무엇이냐고 물으면 "모르면 사전 찾아보라"고 하면 된다. 아니면 "그것도 모르는 사람이 여기 토론하러 왔느냐"고 맞받아치면 된다.

피의사실 공표라고 하면 내가 검찰이냐?고 맞받아치면 되고 "설 령 내가 잘못됐다면 피의사실 공표가 아니라 허위사실 유포라고 해 야 한다"고 부연설명하면 된다. 그리고 "허위사실 유포를 했다면 그 것은 언론보도의 기자이지 내가 아니다"고 큰소리 뻥뻥 치면 된다. 어차피 두 사람 모두 어떤 사실을 두고 토론하지만 그 사실이 중요 한 것이 아니라 각자의 주장, 즉 해석을 말하려고 하는 것이기에 이 겨 놓고 싸우는 전술을 펴야 한다. 이쯤되면 독자들은 그래도 최 의 원이 너무한 것 아니냐, 아무리 논쟁이라지만 사람이 저렇게 악바리 같이 말을 해서 되는가, 쇼펜하우어라는 철학자는 철학자로서 이런 것을 가르치는 이유가 무엇인가 하고 의문을 가질 것이다. 쇼펜하 우어는 이렇게 말한다. 우리가 논쟁을 할 때는 마치 "검투사가 결투 를 초래한 논쟁에서 실제로 누구의 주장이 옳은 것인지에 대해서 생 각하지 않는 것"[14]과 같다.

14 쇼펜하우어, 『논쟁에서 이기는 38가지 방법』, 고려대학교출판부, 2007, 144-145쪽.

14

위장공격을 하라

나의 수업을 듣고 있던 학생(A)이 여친(여자친구: B)이랑 시내에서 학생의 여사친(여자사람친구: C)을 만난 이야기를 해 주었다. 물론 만나서 난처했던 이야기다.

C: 오빠, 만나서 반가워. 근데 나 호주로 어학연수 떠나!

A: 그래? 좋겠구나. 그럼 우리 이제 자주 못 보겠네?

이 말을 듣고 있던 B가 헤어지고 난 후, A에게 까칠하게 굴었다.

B: 오빠, 뭐? 그럼 전엔 둘이 자주 만났단 말이야??

B는 삐치고 A는 대략 난감이었다. 이런 일은, 그것이 의도적이건 무의도적인 실수이건 상관없이 자주 일어난다. 여자 친구는 분명 이렇게 성깔을 부릴 것이 분명하다.

> B: 아무리 변명해 봤자 소용없어! 우리 그만 만나!

이럴 때 A는 자신이 뭐라고 해야 할지 모르겠다며 질문을 하였다. 쇼펜하우어는 이런 정황이 논쟁에서도 자주 발생할 수 있음을 말하였다. 말하자면 불합리한 주장, 또는 실수를 해서 상황을 수습하기가 쉽지 않다. 이때 우리는 상대가 확인할 수 없는 주장을 해서 상대가 그것을 받아들이도록 해야 한다. 이렇게!

> A: 걔는 호주에 가면 우리가 어학코스 시간에 자주 못 본다는
>   뜻으로 이해했을 걸!

만약 상대(여친)가 의심의 눈초리를 완전히 다 거두지 않았다면 다음과 같은 부연 설명으로 주장을 더욱 강화하면 된다. 어차피 확인할 수 없는 일이다.

> A: 쟤는 항상 나 볼 때마다 아는 척해 ㅋ 쟤 남자 친구는 그걸
>   알고 있을까? ㅎㅎ

만약 여친이 나를 의심한다면 여친의 말이 불합리하다고 매도하면 된다. 물론 이런 전술을 사용하려면 대담함과 뻔뻔스러움이 필요하다. 자기가 스스로 잘못했다고 인정하는 그런 상황이 아니기 때문이다. 때문에 후폭풍도 매우 클 것이다. 그런데 우리 모두 알고 있다시피 이런 뻔뻔함은 경험이 쌓이면 저절로 생긴다. 쇼펜하우어에 따르면 이런 전술은 배우지 않고도 본능적으로 잘 하는 사람이 있다.

내가 소속해 있는 학과는 아마 모든 대학 중에서 학생 수가 가장 적은 학과일 수 있다. 한 학년이 8명이고 교수 수도 3명밖에 되지 않는다. 그러니 교수 1인당 학생 수는 10명 정도로 그 비율로만 본다면 거의 하버드 대학교 수준이다. 학생 수가 적으니 총장이 바뀌고 교육부가 구조조정하라고 압박이나 채찍을 가할 때면 우리는 거의 늘 본부에 불려 가거나 농성을 하거나 공청회에 가서 논쟁을 해야 하는 상황에 놓이게 된다. 그러다 보니 학과 소속 교수들은 피로감을 느끼고 학생들마저 학교생활에 넌더리를 낸다. 이때 우리는 당황하지 말고 이 사건과 아무런 관련이 없는 하버드 대학교를 끌어들여 위장공격을 할 수 있다.

> 나: 그러면 처장님은 적은 학생 수가 폐과의 기준이란 말입니까?
> 교무처장: 그렇습니다.
> 나: 그런 기준이라면 하버드는 거의 모든 과를 폐과해야겠네요.

우리는 논지나 담론 어느 측면으로 보나 갑자기 하버드를 끌고 들어오는 것에 대해 불만을 가질 것이다. 그러나 논쟁에서 중요한 것은 승리하는 힘이다. 여기서 우리는 논쟁이 무엇인지, 그게 과연 말싸움일 뿐인지 짚어 보고 넘어가야 한다. 『토론의 힘』이란 책을 쓴 강치원 교수는 인성을 강조한 토론을 할 것을 주문한다. 그는 논쟁을 당연하게도 "수단과 방법을 가리지 않는 말싸움"에 불과하다고 정의한다.[15] 그러나 그가 원하는 대로 토론이 인성을 위한 것은 아니다. 만약 인성을 위한다면 우리는 토론도 하지 말고 공자나 예수의 말을 따르고 전파하면 그만이다. 토론은 원래부터 담론(discoures), 즉 서로 다른(dis-) 경로(coures)에 대해 말하는 것에 불과하다. 다만 상대가 근거 없는 주장을 할 때 그것을 반증하고 물리치면 되는 것이다. 어느 누가 상대의 논지에 보탬이 되는 주장을 할까? 그는 한 걸음 더 나아가 논쟁은 다른 편끼리, 토의는 같은 편끼리 하는 것이라고 설명한다. 논쟁을 하면 인성이 망가진다는 논리는 바로 잘못된 전제에서 잘못된 명제가 가능하다는 논리학을 말해 준다. 아리스토텔레스부터 지금까지 논쟁이든 토의든 다른 생각을 서로 대화로 나누면서 변증법적으로 발전시킨 것이다. 집에서 일상처럼 일어나는 일들을 살펴보자.

15 강치원, 『토론의 힘』, 느낌이 있는 책, 2013, 33쪽.

엄마: 용돈 벌써 다 썼다고? 또 애들이랑 게임하느라고 다 썼구나!

아들: 아니요, 책 사는 데 썼어요.

엄마: 그러면 어제는 무슨 돈으로 게임했나?

아들: 친구가 냈거든요….

엄마: 하기야 게임에 몰입하는 사람이 공부할 리 없지.

아들: 책 사서 공부 했다니까요!!!

엄마: 그렇구나. 공부했데도 성적이 오르지 않을
　　　수 있구나.

　위 대화에서 엄마는 게임비로 책값을 대신했다는 의심을 가지고 아들에게 실언한 것이다. 왜냐하면 아들도 지지 않고 책 사서 공부했다고 주장하기 때문이다. 이런 상황에서 무슨 토의를 하고 토론을 할 수 있는가? 자기 방어와 논쟁에 집중하게 되는 것이다. 그러므로 엄마에게는 위장공격을 하는 것밖에는 다른 방법이 없다. 그것도 두 번씩이나.

　나의 동료는 케임브리지 대학교에서 역사학 박사를 받은 만큼 영국의 전통과 영국의 문화에 대해 긍지를 가지고 있었다. 다시 말해 별로 전통이 없는 독일에서 공부한 나에 대해 우월감을 가지고 있었다는 말이다. 한번은 그가 영국 왕실의 전통에 대한 이야기를 하였다. 해리 왕자와 메건 마크리가 2018년 5월 결혼한다는 것이다. 사람들은 메건 마크리가 혼혈인 데다 이혼녀이기에 사람들은 어떻게 보수와 전통을 자랑한다는 영국에서 결혼이 가능한지 궁금해 했다. 그때 나는 이혼녀와 결혼하는 것이야말로 영국의 전통이라고 말했다. 그러자 동료가 발끈했다.

동료: 그게 영국의 전통은 아니죠!

나: 아니 자기 아버지 찰스도 결국 다이애나와 이혼하고 유부녀인 카밀라 파커빌스를 이혼시켜 결혼했잖아요.

동료: 그건 전통이 아니라 이 사람들이 전통을 깬 것일 뿐이지요.

나: 찰스가 이혼녀와 결혼한 전례가 있었기 때문에 해리도 이혼녀와 결혼을 할 수 있었던 겁니다. 이제 그렇게 영국의 전통이 된 것이죠.

동료: (얼굴이 붉어짐) ….

물론 내가 한 주장은 말도 안 되는 것이고 그것이 영국의 전통이냐 아니냐에 대한 사실을 말한 것도 아니다. 그저 동료의 영국에 대한 긍지에 대해 위장공격을 한 것이었다. 그날 그는 슬픈 얼굴을 하고 있었다. 위장공격으로 이기긴 했지만 그의 슬픈 얼굴이 한동안 뇌리를 벗어나지 않았다.

5

논쟁을
수동적으로
수행하는
방법들

15

사람에 호소하라

2002년도에 새천년민주당 대통령 후보 경선이 있었다. 이인제 후보와 노무현 후보가 서로 경쟁하고 있었는데, 이인제 후보는 경선에서 불리해지자 노무현 후보의 장인이 "빨갱이"였다는, 소위 말하는 색깔론을 들고 나왔다. 이때 노무현 후보는 그 유명한 "그러면 사랑하는 아내와 이혼하라는 말입니까?"라는 말을 해서 청중들을 감동시켰다. 쉽게 말하면 그는 "빨갱이" 덕분에 더 많은 표를 얻어 냈다. 사람들은 어렵지 않게 이 현상을 이해할 것이다. 그가 정치적 공세나 사안에만 집중했다면 이런 결과를 얻을 수 없었을 것이다. 자기 장인이 좌익과 관련되지 않았다느니, 되었다 하더라도 그것은 나와 관계없다는 식의 논증으로서는 그런 결과를 얻어 낼 수 없었을 것이다. 그러나 노무현 후보는 쇼펜하우어가 가르친 "사람에 호소하라"는 전술을 써서(물론 그는 이 전술을 배우지 않았다) 대인 논증을 하고 있다. 이것은 그야말로 '이겨 놓고 싸우기'의 전형적인 방법으로서 상대가 주장하는 것이 그의 처지와 어떤 관계에 있는지를 먼저 파악하고 논쟁하는 전술이다.

내가 잘 아는 독일의 심리치료사인 페촐트 교수는 우울증이 있는 사람이 가령 "저 자꾸 죽고 싶어요", 이렇게 말하면, 그는 "그런데 왜 아직도 안 죽고 계시는 거죠?"라고 되묻는단다. 이것이야말로 매우 논쟁적이다. 이런 말은 상담도 치료도 아닐 것 같다. 그런데 왜 그는 그런 말을 할까? 그것도 심리치료사라면서? 그것은 아마도 어떤 특별한 심리적 직면하기 기술 때문일 것이다. 우울증 환자의 다음 대답을 기다리기 위해서 말이다. "아이가 있어서요. 그리고 아픈 엄마가 아직 살아 계셔서…" 그러면 그 교수는 "그게 바로 당신이 살아야 할 이유입니다"라고 대답한단다. 사실 상담이라는 것도 암시나 지지만으로 되지 않는다는 것은 두말할 필요가 없다. 우리가 쇼펜하우어에게서 배우는 논쟁술은 하나의 기술만이 아니다. 그것은 삶의 원리라고 할 수 있다.

상대가 자살을 옹호한다면 (이것은 염세주의자인 쇼펜하우어 스스로에게 해당된다) "그러면 왜 당신은 아직 목매달고 죽지 않나요?"라고 말하면 된다. "대구가 너무 더워 살기 힘들다"고 하면 "그럼 여기 살지 말고 당장 춘천 같은 시원한 곳으로 이사하시지요!"라고 하면 된다. 어떤 사람이 정치인들과의 토크쇼에 나와서 이렇게 말했다. "대구엔 기업도 없고 GDP가 전국 도시 중에 꼴찌입니다. 제발 경제를 살려주세요!" 그랬더니 한 정치인이 "그럼 광주로 가세요. 거긴 기업도 많습니다. 경제도 여기보단 훨씬 좋구요!"라고 말했다.

진리란 보편성을 띠지만 또한 그 진리는 증거에 따를 수밖에 없다. 난폭운전(또는 보복운전)road rage을 비난하려면 최소한 나는 난폭운전을 해서는 안 된다. 나도 상대와 똑같은 행동을 하면서 내가 그 사람을 비난할 수는 없다. 내가 길을 가면서 난폭운전에 대항해 차의 창문을 열고 거친 욕설을 한다면 나도 또한 난폭운전자이고 그럼과 동시에 난폭운전에 대한 나의 소위 말하는 진리는 증거부족으로 (나에게서) 진리가 될 수 없음을 상대가(또는 제3자가) 비난할 수 있다.

그런 의미에서만 말하자면 진리는 없는 것이다. 왜냐하면 그 진리가 항상 통용되는 것이 아니기 때문이다. 우리는 논쟁할 때 "넌 정말 대꾸할 가치도 없는 놈이구나"라고 말하는 것이 진리가 되려면, 우선 대꾸를 하지 말았어야 한다. 이미 대꾸를 했다면, 상대는 나의 빈틈을 파고들어 이렇게 말한다. "근대 왜 넌 지금 나에게 대꾸를 하고 그래? 내가 대꾸할 가치가 있나 보네, 응?"이라고 논박할 것이다. 쇼펜하우어는 이렇게 말한다. "예를 들어 상대가 자살을 옹호하면, 우리는 곧장 이렇게 외쳐야 한다. "그러면 왜 당신은 목매달고 죽지 않습니까?" 혹은 예를 들어 상대가 베를린은 살 만한 곳이 아니라고 말하면 곧 이렇게 소리치면 된다. "왜 당신은 첫 기차라도 잡아타고 이곳을 떠나지 않는 거죠?"라고 소리치면 된다. 이렇게 사람에 호소하는 경우를 너무 많이 볼 수 있다.

승민: 사드 당장 배치해야 합니다.

시민: 그럼 당장 당신의 지역구인 대구 동구로 유치하시죠.

이것도 사람에 호소하는 전략의 한 방법이다. 사드 배치에 찬성하고 찬성하지 않는 것에는 무슨 이유가 있겠지만, 당장 너의 집 앞에 가져다 놓으라면 너는 너의 주장을 바꿀 것인가? 이런 문제를 의식했는지 김천 시민들이 사드배치 반대를 외치고 집단행동에 나서자 이철우 의원은 2016년 7월 사드 전자파 무해를 입증하기 위해 사드배치 지역 인근에 주택을 마련했다. 그가 계속 거기에 살 것인지, 그리고 정말로 사드의 전자파가 유해한지는 별개의 문제가 된 것이다. 일상에서 우리는 이런 경우가 너무도 많다는 것을 시인하지 않을 수 없다.

친구: 진숙이 이거 되게 싸가지 없어. 약속도 안 지키고….

나: 그럼 왜 너 계속 그 애 만나고 그래? 당장 헤어지지 않고서.

우리 어머니는 이런 식의 논쟁에는 대가라고 말할 수 있을 정도다. 숙모가 어머니와 마찬가지로 젊은 나이에 남편과 사별한 뒤 고

생을 많이 하셨고 급기야 큰아들을 따라 아르헨티나로 이민을 가셨다. 그러다가 향수병도 나고 그래서 돌아왔는데 어머니께 자랑을 했다.

숙모: 애들이 돈을 얼마나 잘 버는지 말도 못해요. 아들들은 모두 집 두 채 이상씩 갖고 있고 죽을 때까지 다 못 쓸 정도로 많이 벌었어요.

어머니: 그렇게 돈을 다 못쓸 정도로 돈을 벌었으면 나 좀 주게. 말로는 집에 금송아지 있다고 누가 말 못 하나!

이 정도면 쇼펜하우어에 심취한 니체의 '행동하는 인간은 자신에 대해 알지 못하기에 양심도 없다'란 말에 무조건 동의할 수밖에 없다. 직접적으로 남을 도와줄 것이 아니라 자랑할 필요도 없다. 우리가 행동하는 것과 우리가 말하는 것이 일치하지 않는다는 점을 이용한 논쟁의 방법이다. 또 한 번은 사촌 형수가 자기 아들과 결혼할 만한 사람을 소개해 달라고 하여 소개를 해 주었다. 그런데 그 사람이 맘에 들지 않았는지 이상한 방법으로 퇴짜를 놓았다.

형수: 아주버님은 뭐 그런 사람을 소개해 주고 그래요?!

> 나: 그럼 뭣 때문에 나한테 중매를 부탁해요, 다른 사람한테나
> 하시지요!

방미 기간에 아베 총리는 "위안부 문제에 관해서라면, 인신매매에 희생당해, 형용할 수 없는 고통과 아픔을 겪은 분들을 생각할 때마다 내 마음이 아프다"며 유감을 표명했지만, 인신매매의 주체가 누구였는지는 밝히지 않았다. 위안부 문제에 대한 사죄나 사과의 표현도 없었다. 아베 총리는 오히려 "일본은 2014년 2000만 달러, 2015년 2200만 달러를 성폭력 감소를 위한 기금으로 냈다"며 일본의 입장을 변호했다.

그러자 하버드대 로고가 그려진 후드티 차림의 최○○는 정중하면서도 침착한 어조로 "일본군과 정부가 위안부 동원에 관여했다는 강력한 증거가 있음에도 불구하고, 왜 일본 정부는 아직도 위안부 수십만 명을 강제 동원한 사실을 인정하지 않느냐"고 물었다. 그는 아베 총리 면전에서 '성 노예sexual slavery'란 직설적인 표현을 썼다. 사실 그보다 더 강하게 표현하려면, 다시 말해 "사람에 호소하라"는 쇼펜하우어의 말을 따르자면, 그런 기금을 내고 마음이 아프다면 왜 당장이라도 위안부 강제동원 사실을 인정하지 않는 것입니까!라고 말하면 된다.

16

정밀한 구별을 함으로써
미궁을 빠져나가라

400억 원에 달하는 전 재산을 기부하겠다고 해 화제를 모은 청년
이 있었다. 대중은 열광했고, 청년은 일순간 젊은이들의 우상이 됐
다. 강연 요청이 빗발쳤고 언론 인터뷰도 이어졌다. '청년 버핏' 박
모 씨 이야기다. 2009년 1500만 원으로 주식투자를 시작해 400억 원
대까지 자산을 불린 것으로 알려졌던 박 모 씨는 급기야 2016년 10
월 '사람에 투자하는 이유'라는 제목으로 KBS 교양프로그램 「강연
100℃」에도 출연했다. 그보다 앞선 2016년 2월에는 황교안 총리 초
청 '선행실천 격려 간담회'에 참석했는가 하면, 5월에는 『한국의 젊
은 부자들』이라는 책에 당당히 이름을 올리면서 주가를 높였다.

하지만 2017년 8월 3일 전업투자자 신준경 스탁포인트 이사가 자
신의 SNS에 "박 씨를 믿지 못하겠다. 도저히 수익률과 수익을 이해
할 수 없다. 400억 원을 벌었다면 직접 계좌를 보여 달라. 만약 박 씨

의 말이 맞다면 1억 원을 내놓겠다"고 검증에 나서면서 박 씨의 거 짓말이 드러났다. 박 씨는 8월 8일 언론을 통해 "'평생 기부 목표 금액이 400억'이라고 했는데, 기자가 오해를 했다"며 "사실을 확인하고도 바로잡지 않았다"고 해명했다. 논쟁의 상대가 반증을 하며 우리를 몰아붙일 때면 우리는 이전에 물론 생각하지 못했던 정밀한 구별을 통해 빠져나갈 수 있다. 이것은 논쟁의 사안이 이중의 의미를 띠거나 이중적으로 해석할 수 있는 경우에 가능하다. 박 씨는 "내가 직접 400억을 벌었다고 한 적이 없다. 평생 기부 목표 금액이 400억이라고 했다"면서 정밀한 구별을 함으로써 미궁을 빠져나간다.

내가 몸담고 있는 대학교는 몇 년 동안 총장선거로 인해 여러 가지 후유장애를 앓고 있다. 처음에 교육부가 대학총장임용후보자 제청을 하지 않자 학교 구성원들은 교육부를 몰아붙였다. 1위 후보자의 부적격 사유를 밝히지 않았기 때문이다. 그러자 학교 구성원들은 그 사유를 밝히라고 요구했고 급기야 교육부는 다음과 같은 취지로 방어하였다. '사유를 단순히 밝히지 않는 것이 아니다. 그 내용을 밝히면 후보자가 다칠 수도 있다. 그리고 그것은 헌법에 위배되는 일이다.' 교육부는 자기들의 의도가 아님을 정밀한 구별을 함으로써 애써 피하고자 한 것이다. 논쟁이란 그 사람이 옳든 옳지 않든 그것을 겨냥하는 것이 아니라 미궁을 빠져나가기 위해 쓰는 수단일 뿐이다.

정치권에서는 어떻게 이 전술을 이용하는가? 문재인 대통령이 당대표로 있을 때 선거에서 참패한 적이 있다. 그때 그는 이렇게 말했다.

이번 선거결과는 저희의 부족함에 대한 유권자들의 질책일 뿐 박근혜 정권과 새누리당에 면죄부를 준 것이 아닙니다. 만약 박근혜 정권과 새누리당이 민심을 호도하면서 불법 정치자금과 경선 및 대선 자금 관련 부정부패를 덮으려 하거나 세월호 참사의 진상규명을 가로막으려 한다면 우리 당은 야당답게 더욱 강력하고 단호하게 맞서 싸울 것입니다.

그 결과 19대 대선에서 성공할 수 있었다. 논쟁이라는 것은 양날의 검과 같아서 무조건적으로 옳거나 나쁜 것이 아니라 실패를 성공으로, 성공을 실패로 몰아갈 수 있는 무기이다. 아이소포스(이솝)의 우화에서는 이런 정밀한 구별을 하는 여우를 만날 수 있다.

배고픈 여우 한 마리가 포도송이를 따려 했습니다. 나무를 기어 올라가는 포도 넝쿨에 달려 있는 것인데 너무 높이 달려 있어 뜻을 못 이루었어요. 여우는 그 자리를 뜨고 스스로를 위로했습니다. "아직 익지도 않은 걸, 뭐."[16]

그렇다. 교육학에서나 이 우화를 두고 '합리화'라면서 비판하지만 여우가 살아가면서 좌절을 극복하기 위해 이런 정밀한 구별은 필수 불가결한 일이었을지도 모른다. 내가 대학교에서 강의를 한지 20년

정밀한 구별을 함으로써 미궁을 빠져나가라

16 이솝, 『이솝우화집』, 유종호 옮김, 민음사, 2004, 13쪽.

이 넘었다. 그간 많은 학생들을 보아 오면서 특히 여학생들은 아름다움을 많이 부러워하기도 하고 다른 사람의 아름다움에 질투가 많다는 것을 보는 경우가 많다.

남친: 쟤 좀 봐, 쟤 정말 예쁘지 않아?

여친: 오빠는 눈도 없어. 잘 보라고. 쟤 눈 수술했어. 보면 몰라?

이처럼 남친이 미처 생각하지 못했던 '미'를 여친이 정밀하게 구별함으로써 남친의 마음을 잡아 두는 것이다. 이것을 어떻게 나쁘다고 할 수 있을까? 이런 논쟁술은 일상만큼이나 정치에서도 많이 쓰인다. 지난 19대 대선 후보 TV 토론 때이다. 유승민 후보는 홍준표 후보가 지금 재판 중인 점을 공격한다. 그러자 홍준표 후보는 이렇게 정밀한 구별을 한다.

유승민: 홍 후보께서는 법원에 재판받으러 가셔야 되는 것 아닙니까?

홍준표: 지금 뭘 잘못 알고 계신데요.

유승민: 뭐 말씀입니까?

홍준표: 법원에 재판받으러 가는 건 아닙니다. 대법원은 서류 재판입니다.

논쟁을 수동적으로 수행하는 방법들

유승민 후보는 당연히 홍준표 후보가 재판을 받으러 가야 된다는 사실을 환기함으로써 그에게 죄가 있는 것을 기정사실화하려고 한다. 그러나 홍준표 후보가 이렇게 정밀한 구별을 하는 말을 하면 재판 중인 것이 사실이라 하더라도 청중은 마치 그가 재판을 받긴 하지만 큰 죄가 없는 것처럼 생각하게 된다. 그러니 홍준표 후보는 공격을 잘 막았다고 할 수 있을 것이다. 그러면 우리는 일상에서 어떻게 이 전술을 사용할 것인가?

> 나: 엄마 나 바이올린 그만 할래.
>
> 엄마: 왜?
>
> 나: 나이도 많이 들었고…이제 배우기는 늦었어.
>
> 엄마: 늦었다고 생각할 때가 가장 빠른 거야.
>
> 나: 엄마… 늦었다고 생각할 때는 이미 늦은 거야.
>
> 엄마: 노력하면 되지. 에디슨도 천재는 99%의 노력과 1%의 영감으로 이루어졌다고 했잖아.
>
> 나: 에디슨이 한 말은 누구나 성공하려면 당연히 99%의 노력을 해야 하지만 1%의 영감이 없으면 아무리 노력해도 천재가 되지 않는다는 뜻이야.

'나'는 정밀한 구별을 함으로써 미궁을 빠져나간 것이다. 이런 전술은 일상에서도 유머로 자주 사용될 수 있다.

남친: 또 치킨 먹냐? 치킨은 살찌잖아!

나: 괜찮아. 치킨 살 안 쪄!

남친: 뭐라구? 치킨이 살이 안 찐다구?

나: 살은 치킨이 찌는 것이 아니라 내가 찌지. ㅋㅋㅋㅋ

17

상대의 논지를 중단시키고
화제를 전환하라

우리는 어떤 이야기나 논쟁이 우리의 상황과는 역행하여 흐르는 것을 알게 될 때가 있다. 이럴 때 우리는 그대로 상대 또는 여론의 주장이 흘러가도록 두어서는 안 된다. 가장 쉬운 방법은 돌출발언을 통해 상대가 하는 이야기의 초점을 흐리든가 다른 데로 흘러가도록 산만하게 해야 한다. 쉽게 말해 화제를 전환해야 한다.

1. 여자 후배들: 선배 지난번 수변공원 갔었다면서요? 거기 완전 헌팅의 메카라 하던데… 선배 안 봐도 비디오네요….

2. 다른 동료들: 선배님, 지난번 김 사장이 술을 샀다면서요…. 그럼 거기까지 간 거예요?

3. 규영이 엄마: 영석이 어머님, 영석이가 성적이 떨어져서 학교에 상담하러 가셨다면서요. 얼마나 힘드시겠어요….

살아가면서 위의 경우처럼 정말 날벼락을 맞는 경우가 있다. 여
러 사람들이 있는 데서 친구가 또는 동료가 이런 식으로 나오면 당
황하기 마련이다. 그것이 고의든, 실수든 상관이 없다. 우리는 인격
이 아무리 훌륭하다 해도 이런 이야기가 그대로 퍼지는 것을 원하지
는 않을 것이다. 그러므로 절대로 그렇게 흘러가도록 두어서는 안
된다. 그대로 가면 헛소문일지라도 사실로 둔갑하고 만다. 1번의
경우를 생각해 보자. 물론 후배들이 나를 골리려고 그럴 수는 있다.
하지만 그냥 두면 청중들이 나를 헌팅을 즐기는 사람으로 여길 것이
다. 어떻게 해야 할까? 이렇게 화제전환을 해 보자.

아, 수변공원이 그런 곳이었어? 난 부산을 잘 알지 못해서 부
산 친구들이 거기서 만나자고 해서 나갔는데… 그런데 거기
정말 많은 사람들이 있던데 그럼 그 사람들이 모두 헌팅하러
온 사람들이었단 말이지? 근데 니들은 수변공원이 그런 곳이
라는 걸 어떻게 알았어? 많이 가 봤나 본데? 헐! 어쩐지 냄새가
나더라니까….

두 번째 주장도 그냥 두어서는 안 된다. "거기까지"란 말이 유흥

업소란 말로 들릴 수 있기 때문이다. 이렇게 한번 해 보자.

> 아니, 김 사장 정말 꾀가 많더만… 술값은 자기가 낸다면서 2차
> 는 나보고 내라는 거야. 내가 어떻게 할 수 없었는데 갑자기 마
> 누라가 전화를 한 거야. 집에 갑자기 어머니 오셨다고… 핑계
> 삼아 사라졌지.

물론 화제전환에서 말하는 내용은 사실여부와 상관이 없다. 누가 날 공격하려는 상대 앞에서 진실을 말하겠는가? 3의 경우도 마찬가지다. 내 아들 영석이가 공부를 못했고 학교 간 것도 맞지만 이런 말을 하는 사람을 도대체 어떻게 참을 수 있는가! 더구나 규영이는 공부를 잘 해서 애들은 물론이고 선생님께 늘 칭찬을 받는다면 말이다.

> 아이 규영이 엄마, 고마워요! 규영이 엄마는 남의 아들 일도 자
> 기 아들 일처럼 관심을 가지고 계시는 것 같아요. 참 좋으신
> 분이에요. 실은 나도 그런 줄 알고 갔는데 이번에 성적 때문에
> 오라는 게 아니었어요. 나도 참 처음에는 얼마나 속상했는지
> 몰라요. 근데 학교 가니까 우리 영석이가 찻길로 뛰어 들어가
> 는 아이를 구출해 줘서 그 아이 엄마가 학교로 전화를 했다네
> 요. 그래서 경찰서에서 표창장을 받나 봐요. ㅎㅎㅎㅎ

한 번 더 강조하지만 상대가 우리의 주장을 물리칠 만한 논거를 가지고 있다는 것을 우리가 알았다면 그대로 논의가 흘러가게 두어서는 안 된다. 오히려 우리는 때를 놓치지 말고 상대가 논리를 펼치지 못하게 중단하거나 돌출발언을 하거나 논의의 초점을 돌려 다른 주제로 이끌고 가야 한다. 그러면 난이도가 높은 4번의 경우는 어떻게 하면 좋을까? 아무도 모르는 일을 직장 선배가 걱정해 주는 척하면서 공개하는 경우이다.

> 선배님 걱정 많이 하셨죠? 그러잖아도 한번 물어보려 했는데… 선배님, 왜 그때 선배님도 경고인지 뭔지 받았잖아요? 그때 어떻게 해결했어요?

경고는 징계 중에 가장 하찮은 것이다. 사실 내가 받은 징계는 그것보다 훨씬 큰 것이라도 그는 잘 모를 것이다. 그러니 우선 밝혀도 될 수준의 징계를 말하고, 선배가 그런 징계를 받았든 받지 않았든 상관하지 말고 물고 들어가는 것이다. 그러면 선배는 둘 중 하나로 대응을 할 것이다. "응, 그래? 그거 별거 아니야!" "내가 언제 경고를 받았다고 그래?"라고 반응할 것이다. 만약 두 번째의 말이 나오면 "아, 시시한 것이라 잊으신가 봐요." 그렇게 하면 더 이상 어떻게 할 말이 없을 것이다. 만약 계속 논쟁이 된다면 징계에 대한 내용은 물타기 식으로 흐지부지해진다.

간단히 말해 이 전술은 '논점의 전환mutatio controversiae', 화제를 다른 방향으로 돌리는 것이다. 환언하면 내가 한 주장이 본래의 사안인 것처럼, 그리고 상대에 대한 논점인 것처럼 말해야 한다. 우리 대학이 총장 문제 때문에 시끌벅적할 때 교수회에서는 대토론회를 했다. 여러 의견을 가진 패널이 참석했다. 그런데 시작하려는 순간 교육부와 투쟁하자는 학생들과 비정규직 노조가 들이닥쳤다. 이유는 교육부 대학정책실장이 패널로 참가했기 때문이다. 토론이 시작되자 학생회 간부들이 먼저 의사진행발언을 사회자에게 요청했다. "왜 학생 대표는 토론에서 제외했느냐?"고 시비를 걸었다. 그리고 노조는 "여기에 왜 뻔뻔스럽게 교육부 정책실장이 왔느냐?"라고 토론을 방해했다.

이렇게 화제를 직접적으로 전환하는 방법은 단조로운 일이다. 우리는 좀더 명료하게 이 일을 다뤄 볼 필요가 있다. 하나의 사례를 들어 보자. 상대가 나를 두고 도박에 미쳤다는 소문을 퍼뜨렸다고 하자. 그러면 이렇게 말해야 한다.

> 도박이 가치 있는 일일까요? 저를 믿으세요. 우리도 그 누구 못지않게, 아니 누구보다도 더 열심히 일합니다. 게다가 일하느라 보내는 시간 이외에 매일 몇 시간씩 공부도 해야 합니다.

열심히 일하고 공부한다고 해서 도박을 안 했다고 볼 수 없는 일이다. 그러나 이렇게 화제 전환을 하면 청중은 내 말을 믿게 되고 원래 상대가 주장한 데서 관심을 돌리게 된다. 만약 일이 순조롭게 진행

된다면 한 걸음 더 나아가 역으로 상대에게 인신공격을 해야 한다.

> 제가 도박을 한다고 하면서 저를 매장시키겠다는 말인 것 같은
> 데, 제가 열심히 하는 것이 그렇게 배 아픈가요?

또 다른 사례를 들어 보자. 상대가 내가 여자를 사귀려고 클럽에 다닌다고 주장한다.

> 제가 클럽에 나가 여자를 사귄다구요? 제가 지금 공무원시험 준
> 비를 하고 있습니다. 그리고 스펙 쌓으려고 봉사활동도 500시
> 간을 했구요. 어디 그뿐입니까? 과 대표도 맡았었습니다.

클럽에 다닌다고 해서 공부를 안 했다는 보장은 없다. 그럼에도 청중은 내가 한 말에 더 집중을 하게 되고 상대의 주장은 물타기 식으로 변한다. 그리고 한 걸음 더 나아가 역으로 인신공격을 해 보자.

> 당신 전에도 저한테 이런 못된 소문을 내던데 당신이야말로 클
> 럽에 다니지 않고서는 어떻게 이런 말을 할 수 있는 거죠?

2017년 4월 경 우리 모두가 좋아하는 가수 전인권이 우리 모두가 좋아하는 「걱정말아요 그대」란 노래는 사실 표절곡이라는 의혹이 제기되었다. 물론 진실 여부와 관계없이 그는 이 사실을 방어해야

했다. 우리는 여기서 그의 진실성을 이야기하는 것이 아니라 그가
어떻게 방어하는가에 초점을 맞추고자 한다. 그는 「김현정의 뉴스
쇼」의 전화 인터뷰에 응하고 자신의 표절의혹을 부정한다. 우선 해
당 방송 녹취록을 보자.

김현정: 자, 당사자 애기 들어 보죠. 광화문 집회에서 그 감동의
　　　　공연으로 인터뷰했던 게 엊그제 같은데 … (표절 논란으
　　　　로) 마음이 좀 복잡하시죠?
전인권: 아니 난 복잡하지 않아요. 일단 곡이 뭐 비슷하다고 그래
　　　　도 난 표절한 적이 없고 비슷하다고 그래도… 근데 뭐 우
　　　　연이라고 해야 하나…근데 좀 비슷하기는 하네요.
김현정: 아…비슷하기는 하네…어 어 아니 그럼 독일 그룹 블랙
　　　　푀스의 드링크 도흐 아이네 멧이라는 곡을 종전에 들어
　　　　는 보셨어요?
전인권: 아니…처음…나는…저기 그…거의 이제 뭐…미국이나
　　　　영국 그쪽 판을 우리가 듣죠…독일판을 들은 적은 없죠.
김현정: 그러면 한 번도 들어 본 적이 없는 그런 노래세요? 그럼?
전인권: 예, 없~어요~.
김현정: 어. 근데 지금
전인권: 근데 그 멜로디가 하나 그… 마운틴이라는 밴드가 있어요.
김현정: 마운틴….

전인권: 그 밴드가 우드스탁을 헌정하면서 만든 노래가 있는데…
곡을 쓰고 난 다음에 그게 비슷했어요. (노래) 어~어~ 좀
비슷해요. 뒤에까지 좀 비슷해요~ 그래서 내가 그걸 녹
음할 당시에 우리 그 최 국장한테 야 우리 그거 좀 비슷
하지 않아 괜찮을까 그랬더니 아 이거 뭐, 뭐가 비슷해
요…그런 생각만 나요.

김현정: 오히려 마운틴이라는 그룹의 노래랑 조금 비슷한 거 아
냐 이런 얘기를 했으면 했지…이 독일 그룹 노래 블랙 푀
스 노래는 전혀 모르는 노래다 이 말씀이시군요.

전인권: 아…그럼요. 그걸 몰라요 난… 그 얼굴 생긴 게 나랑 비
슷한 거 같아요.

김현정: (웃음) 그 그러면 멤버 얼굴이 표절이면 표절이지 노래
표절은 아니다 그 말씀이군요. 그런데 표절이라고 주장
하시는 전문가들은 이 독일 곡에다가 「걱정 말아요 그
대」 가사를 얹어 부르면 그대로 들어 맞을 정도로 코드가
일치한다, 이 얘기를 하시더라구요.

전인권: 그 정도는 나도 들어서…나도 음악하는 사람인데…그 정
도 아니고… 자 내 얘기 한번 들어 봐 주세요. 난 그게 크
게 문제가 된다고 생각하지… 생각을 안 해요.

김현정: 아니 근데 이 후렴 같은 부분은 거의 멜로디가 똑같다
는 생각이 들 정돈데 이게 우연으로 그렇게 될 수가 있
습니까?

전인권: 그럼요…나보고도 꼽으라면 몇십 곡은 꼽으라면 꼽을 수
있어요. 얘기할 수도 있어요. 어떤 사람은 또 이걸 에델
바이스랑 비슷하다고 해요.

김현정: 네~…에델바이스~.

전인권: 근데 또 그게 맞아요… 에델바이스…지나간 것은…에델
바이스 그게 또 맞아요. 그건 지금보다 더 비슷하네요.

김현정: 에델바이스~.

전인권: 그걸 가지고 계속 이야기하는 사람이 있어요. 페이스북
에다가….

김현정: 아~ 그렇군요… 40년 가수 인생을 걸고 내가 이 곡을 표
절하지 않았다라고까지 우리 청취자들 우리 팬들 앞에
서 말씀하실 수 있을 정도로 당당하십니까?

전인권: 예~ 예~ 그렇게 말할 수 있어요. 지금 약간 멍청하기도
해요~.

김현정: 그게 무슨말씀입니까?

전인권: 글쎄 뭐 나는 자신이 있으니까….

나도 그가 표절했다는 데 동의한다. 그러나 전인권은 표절을 전적
으로 부정한다. 우선 그는 Drink doch eine met(표준말: Trink doch eine
mit)라는 곡의 독일어를 모른다, 그 독일어 판 노래를 들어 본 적이 없
다는 식으로 의심을 중화시킨다. 그리고 곧장 비슷하기는 비슷한데

그 노래 부른 사람 하나와 얼굴이 비슷하다는 식으로 화제를 전환한다. 그리고 김현정 캐스트가 곡이 비슷하다고 하자 얼버무리면서 에델바이스랑 비슷하다고 말하는 사람이 많다고 말하면서 다시 화제 전환을 시도한다. 마지막으로 인생을 걸고 표절하지 않았다고 할 수 있느냐고 묻자 "할 수 있다"고 하고선 "지금 약간 멍청하기도 해요"라는 전혀 맥락에 맞지 않는 말로써 다시 화제 전환을 시도한다. 다음은 독자들이 사안과 논쟁술이 얼마나 다른지를 보여 주는 한겨레 신문 기사이다.

가수 전인권 독일 행

가수 전인권이 「걱정말아요 그대」의 표절 논란을 해결하고자 독일로 간다. 그는 28일 페이스북에 "나는 곧 독일로 간다"며 "일단 그 곡을 만든 사람 입장을 충분히 받아들이고 원하는 것을 해결해 줄 것"이라고 밝혔다. 최근 그의 대표곡 「걱정말아요 그대」는 1970년대 독일 그룹 블랙 푀스(Black Fooss)의 '드링크 도흐 아이네 멧'(Drink doch eine met)과 유사하다는 표절 논란이 일었다. 전인권은 "그날(합의가 된 날 이후) 로열티를 달라고 하면 적당 선에서 합리적으로 재판하든, 그쪽 입장대로 로열티가 결정되면 한국 저작권협회와 상의해서 줄 것"이라고 말했다.[17]

논쟁을 수동적으로 수행하는 방법들

우리가 만약 사안 논쟁을 하자면 그가 독일에 갈 이유가 없고 로 열티를 줄 필요도 없다. 다른 말로 하자면, 표절한 것을 시인하는 것이다. 그러나 논쟁의 장소에서 자기방어를 하고 상대를 이기는 것을 목표로 삼는 논쟁적 대화에서는 화제전환이라는 방법을 사용 하여 일단 소나기는 피하고 급한 불부터 끄고 보는 것이 상책이다. 그에게서 표절은 배울 일이 아니지만 논쟁의 방법은 크게 배울 일 이다. 일단 이겨 놓고 싸우는 전술 말이다.

18

주장을 보편적인 데로
옮겨 가라

브라질의 소설가 조제 마우루 지 바스콘셀루스José Mauro de Vasconcelos
가 1968년에 펴낸 책『나의 라임 오렌지나무』에는 말썽꾸러기 소년,
그럼에도 순수한 소년 제제의 모험에 찬 이야기로 충만하다. 제제
가 벌이는 기상천외한 일, 제제가 겪은 경제적 어려움은 우리를 호
기심 어린 시선으로 작품에 빠져들게 한다. 그런데 제제는 어느 날
선생님에게 꽃을 선물하는데 사실 그 꽃은 산 것도 아니고, 자기 집
에서 꺾은 것도 아니다. 세르지뉴 씨 댁 정원으로 몰래 들어가 꺾어
온 것을 학교 선생님의 꽃병에 꽂아 놓은 것이다. 친구 고도프레도
는 이 사실을 선생님께 일러바쳤고 선생님은 제제에게 "그건 옳은
일이 아니다. 그게 대단한 일은 아니라 해도 도둑질인 건 사실이잖
니?"라고 나무란다. 그러자 제제는 "아녜요, 그렇지 않아요. 세실리
아 선생님, 이 세상은 하느님 것 아녜요? 이 세상 모든 게 하느님 것

이잖아요. 그러니까 그 꽃들도 역시 하느님 거예요."[18]

제제는 특별한 "도둑질"을 보편적인 "하느님 것"으로 옮겨 가는 논쟁의 방식을 사용한다. 물론 이런 방법은 쇼펜하우어가 말하는 보편적인 데로 옮겨 가라는 방법의 초보적인 기술밖에 되지 않는다. 쇼펜하우어가 말하는 '의미를 보편적인 데로 옮겨 가는 방법'은 감기약을 먹어야 한다고 주장하는 상대에 대해 그 반론으로 인간이 만든 약의 위험성을 말하는 식으로 대응하는 것이다. 우리 집에 있는 의사 선생님인 나는 늘 아내와 이렇게 싸운다.

나: 약을 좀 드세요. 그래야 감기가 떨어지지.

아내: 아니야. 감기약에 들어 있는 항생제는 오히려 몸을 약하게 한다구.

나: 그렇게 오래 기침을 하는 것보다 낫지 않아. 그렇게 콜록 대는 것보단.

아내: 약의 부작용을 보면 인간의 지식이 얼마나 짧은지 당신도 보고 있잖아.

애석하게도 우리는 누군가가 우리의 약점을 말하거나 그것도 모

18 조제 마우루 지 바스콘셀루스,『나의 라임 오렌지나무』, 박동원 옮김, 동녘, 1999, 86-87쪽.   152

논쟁을 수동적으로 수행하는 방법들

자라 몰아붙이는 경험을 종종 한다. 가령 나는 사범대학에서 독일어교육과에 몸담고 있다. 문학평론가로서 사람들을 만나면 대부분이 내가 국문과 교수냐고 묻는다. "교수님은 전공이 뭐예요?" 그러면 나는 사실대로 독문학을 전공했다고 말한다. 그러면 곧장 "독일어 해 갖고 먹고 살겠습니까?"라는 질문을 받곤 한다. 귀찮아서 그냥 넘어간다. 그러나 가끔씩 대학의 동료 교수들이 (나의 경험에 의하면 경영학부 교수들이 많았다) '독일어 공부해 갖고 학생들이 취업됩니까? 학생들을 위해 학과 문을 닫아야 하지 않겠어요?' 하는 주장까지 하게 된다면, 나도 인간인지라 이런 말도 안 되는 것을 말이라고 하는 짐승이 도대체 교수인가 하는 생각이 들 때가 있다.

이런 일을 당할 때는 내가 같은 대학 교수(갑)가 아니라 하등 학과의 교수(을)라는 생각이 들 때가 많다. 그리고 내가 그간 이룬 학문적 업적, 인격, 인간관계에 대한 심각한 회의에 빠져들기도 한다. 이것이 나의 성격적 콤플렉스(자존심)를 건드릴 때가 많다. 자주 기분이 나빠지고, 이런 잘못된 생각을 하는 사람은 반드시 사상의 치료를 해 줘야겠다는 생각이 들 때가 많다. 한번은 이런 고백을 수업 시간에 들려주었더니, 경영학부에 다니는 한 학생이 오히려 자기야말로 학과 때문에 압박을 당한 기억이 있다고 자기 체험을 말해 주었다. 자기 이모부에게 경영학을 전공한다는 이유로 비난을 받은 한 학생의 이야기다.

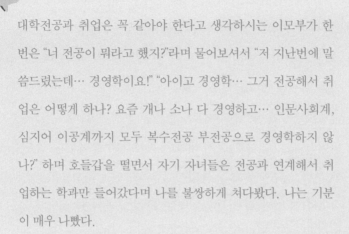

대학전공과 취업은 꼭 같아야 한다고 생각하시는 이모부가 한 번은 "너 전공이 뭐라고 했지?"라며 물어보셔서 "저 지난번에 말씀드렸는데… 경영학이요!" "아이고 경영학… 그거 전공해서 취업은 어떻게 하나? 요즘 개나 소나 다 경영하고… 인문사회계, 심지어 이공계까지 모두 복수전공 부전공으로 경영학하지 않나?" 하며 호들갑을 떨면서 자기 자녀들은 전공과 연계해서 취업하는 학과만 들어갔다며 나를 불쌍하게 쳐다봤다. 나는 기분이 매우 나빴다.

이런 얘기를 들으면 그 경영학과 교수는 어떤 생각을 할까? 이 학생에게서 나는 좋은 논쟁의 기술을 발견할 수 있다. 쇼펜하우어는 상대가 "독일어 해 갖고 먹고 살겠습니까?"라는 말에 사안논증ad rem, 즉 그것으로 독일 유학을 가고… 독일계 회사에 취직할 수 있고… 또 사범대학에서는 복수전공을 나갈 수 있고… 등등으로 상대하지 말라고 가르친다. 그 대신 전선을 보편적인 데로 옮겨 가라는 것이다. 말하자면 당구에서 쓰리쿠션처럼 대화를 이끌고 가는 것이다. 학생의 이모부가 말씀(!)하신 대로 말이다. '경영학… 개나 소나 다하는 거…' 하면서 그 점을 공격하면 된다. 상대가 국문과라면? '그럼 요즘 한국말 못하는 사람 있습니까? 국어사전 뭣에 필요해요? 스마트폰에 '지식인' 누르면 다 나오는 거…'라고 하면 된다. 그리고 '요즘은 대학이라는 게 모두 교양대학의 의미로 받아들이지 않나요? 여러 전공을 하는 것이 세계적인 추세이기도 하구요. 요즘 누가 전공만 찾아서 대학 간답니까?'라고 말하면 된다. 이 학생은 마침 엄마가 이모부를 이렇게 상대해 주었다고 한다.

제부, 뭘 모르시고 하시는 말씀이에요. 요즘 누가 대학을 취업하러 가나요? 어휴 참. 저 애는 그냥 경영학 배우러 대학 간 거에요. 그리고 저 애는 자기 아빠 회사 관리해야 해요. 제부네 집 애들처럼 취직하러 대학 간 거 아니에요. 요즘 누가 고리타분하게 전공한 거로 취직해요? 그럼 김태희는 의류회사에 있어야 하고… 금나나는 하버드가 아니라 미스코리아 출신 모델하고 있게요.

물론 이 학생이 실제로 아버지 회사를 물려받지 않더라도 논쟁에서만큼은 학생의 엄마가 승리한 것이다. 이런 엄마가 우리 학과 학생들의 엄마라면 얼마나 좋겠는가? 누구나 어려운 상황에 처하게 되면 자신을 편들어 주는 사람이 제일 좋다. 상대가 특정한 자신의 생각을 믿지 못하겠느냐고 따지면 우리 인간이 갖고 있는 지식의 허위성을 이야기하고 그에 대한 온갖 예를 들면 된다. 내 주위에는 아들을 잘 두어서 자랑하는 분들이 많이 있다. 솔직히 말해서 나는 그런 부분에 콤플렉스가 많이 있다. 사람들은 콤플렉스를 굳이 마이너리티 콤플렉스로 이해하고 있지만 그렇지 않다. 콤플렉스란 복합

주장을 보편적인 데로 옮겨 가라

관념이다.

군이 아이가 일류대학 나온 판사나 의사가 되는 것을 큰 가치로 두지 않는다면 그런 분들이 어떤 자랑을 해도 무덤덤하거나 적당히 맞장구쳐 주고 말았을 것이다. 혹시 아들을 일류대학 보냈다고, 그 아들이 의사가 되었다고 자랑하면서 내가 혹은 나의 아들이 일류대학을 가야 한다고 주장하며 그에 대해 이의제기할 일이 있냐고 한다면 우리는 딱히 할 말이 없다. 이때 우리는 그에게 '일류대학 가서 뭐하겠다는 것이냐… 결국 인생을 참되게 살기 위해 가는 것 아니냐… 하버드대학 나온 숭산 스님 봐라 학벌 앞세운 직업 때려치우고 한국 와서 스님 하잖아. 그리고 한국의 문화에 대해 매우 비판적으로 말씀하시잖아'라고 응수하면 된다.

아 참! 생각이 하나 났는데 내가 잘 아는 학생 하나가 내 강의를 듣고 고민을 털어놓았다. 자기 룸메이트가 충고한답시고 "이런 말 해서 미안하지만 너는 머리도 안 좋고 성실하지도 않아. 공부를 해도 크게 비전이 없어. 그러니 빨리 단순한 일자리나 구해라"라고 말하는데 기분이 나쁘지만 뭐라고 말할 수 없었다고 한다. 그래서 나는 그 학생에게 다음부터는 친구에게 이런 말로 쏘아 주라고 충고해 주었다.

인간이란 게 원래 외형만 보는 경향이 있지. 그리고 원래 가까운 데 있는 사람은 상대방을 잘 몰라. 예수도 그렇고 스티브 잡스도 그랬어. 인간의 판단이나 인식이 얼마나 보잘것없는지 너를 보면 알 것 같애.

이제 좀 속이 후련한가? 권위가 없거나 돈이 없거나 권력이 없는 것은 어쩔 수 없는 일이다. 그러나 자신의 존재가 매도당하는 일을 그냥 두고 보아서는 안 된다. 신은 우리에게 포르투나(행운)에 대해서만 가르치지 않는다. 비르투스(능력) 또한 우리에게 주어진 중요한 것이다. 마키아벨리 또한 우리에게 '운명적인 시대정신이나 포르투나 못지않게 용기를 통해 성취해야만 하는 탁월함의 품격(비르투스)'을 요구했다. 일류대학은 못 가더라도 사람들에게 무시를 당하지는 말자.

19

증거를 사취하여 결론을 내라

살다 보면 참 황당한 일을 겪을 때가 한두 번이 아니다. 나는 경북 문경 점촌에 있는 문경중학교를 다녔다. 그때만 해도 가을 운동회가 있어서 방과 후에 모두 모여 흙먼지가 나는 운동장에서 매스게임 준비를 하느라 바빴다. 나는 그때 자취를 하고 있었는데 한번은 본가에 빨래를 가져갔다가 잊어버리고 그냥 돌아와서는 그 주 금요일에 매스게임 준비를 하게 되었다. 결국 체육복을 준비하지 않은 애들은 앞으로 불려 나갔고 체육 선생님으로부터 꾸지람을 듣게 되었다. 그때 나는 변명이라고 한 것이 "아들한테 부탁했는데 안 갖고 와서 이렇게 되었습니다"라고 하였다. 선생님이 대뜸 "니는 어른이냐? 버르장머리 없는 놈!" 하면서 뺨을 때렸다. 물론 그 선생님은 "아들" 즉 아이들, 친구들이라는 문경 사투리를 알아들을 리 없었다. 아직도 잊혀지지 않는 상처인데 증거를 사취한 그 선생님이 내 기억에 원망스럽게 남아 있다.

쇼펜하우어는 논쟁에서 이기기 위해서는 상대의 말을 이해하려 들지 말고, 말한 것이 증거인 양 바로 결론을 내리라고 가르친다. 체육복이 준비되지 않았다고 때리기보다는 버릇없는 놈이라고 낙인찍어 때리는 것이 양심에 가책이 덜 될 터이니까. 이런 방법을 쓰면 속수무책으로 당하는 경우가 많다. 논쟁술을 익힌 나로서도 대응방법이 없다. 드라마 같은 데서는 이런 상황이 너무나 자주 등장한다.

> 여친: 자기는 부모님한테 내가 어떻게 했으면 좋겠어? 내가 부모
> 님께 잘해야 된다고 생각하지?
> 남친: 나는 부모님을 공경해야 된다고 생각해.
> 여친: 오빠, 난 부모님 못 모셔. 다른 여자한테 알아봐.

이 경우 반전이 있으려면 남친은 이렇게 말하면 된다.

> **남친**: 헐. 난 자기 부모님께 잘하려고 한 말이었는데….

이와 같은 반전이 있을 수도 있지만 그건 그때 가서 다시 대응할 일이고, 우선 상대에게 이유를 묻고 그것을 시인하는 경우, 다시 묻지 말고 바로 결론을 내야 한다. 당연히 상대에게 이유를 다 물어볼

필요는 없다. 이 전술은 근거가 될 수 없는 것을 근거로 가정함으로써 상대방을 속이는 것이다. 다른 사례를 들어 보겠다. 나는 때때로 나와 비슷한 나이의 여성 동료들에게 무슨 말을 해야 할지 망설여질 때가 많다. 왜냐하면 좋지 않은 경험들이 너무 많기 때문이다. 한번은 이런 경우를 겪은 적이 있다.

나: 선생님, 참 어려 보이세요.
동료: 제가 철없이 보인다는 뜻인가요?

나도 다음에 그분한테 보복을 한 적이 있다.

동료: 오랜만에 만나면 얼굴빛이 안 좋게 보이는 분들이 많아요.
나: 내가 그간 팍삭 늙었다 그 말씀이신가요? 정말 기분 나쁘네요.

우리가 하는 대화는 이같이 늘 긴장 속에 있다. 아마도 청자의 무의식이 발화자가 전혀 의도하지 않는 의미를 끄집어내거나 만들어 낼 수 있기 때문에 우리는 언어의 효과를 완전히 통제할 수 없는 것 아닌가 하는 생각이 든다.

며느리: 어머 어머님~ 어디 좋은 데 가시나 봐요?

시어머니: 좋은 데? 내가 어디 못자리라도 보러 간단 말이냐?

며느리: 아니… 아니… 그… 그게… 아니라….

여친: 금요일 만나.

남친: 안 돼.

여친: 왜 안 된다는 거야?

남친: 너무 바빠.

여친: 다른 사람과 선약 있구나~. 당연히 여자겠지!

남친: 너 오늘따라 정말 예쁘게 보인다!

여친: 오빠, 그럼 내가 평소에 못생겼다는 거야?

이런 증거를 사취한 말을 들으면 황당하기 이루 말할 수 없다. 몇 년 전 나는 이런 황당한 일을 겪고 아직도 그 장면이 생생하게 기억 난다. 밤 11시쯤 일찍 잠을 청하려는데 친한 동료가 집 근처에서 술을 마시고 있으니 잠깐만 나오라고 했다. 그래서 어쩔 수 없어 나갔더니 같은 대학교 교수가 합석해 있었다. 알고 보니 동료의 고등학교 후배였는데 그날 있었던 상황을 재구성하면 다음과 같다.

> **나:** 야 이거 얼마만입니까? 대학이 따로 떨어져 있으니 자주 만나지도 못합니다!
>
> **상대:** 거 무슨 말씀입니까? 요즘 단과대학 통합하라는 데 동의한다는 뜻입니까?
>
> **나:** 그게 무슨 말씀… 나는 그저 우리가 다른 대학에 분리되어 있으니 자주 못 만난다는 말인데요.
>
> **상대:** 그러잖아도 ○○대 없앤다는 이야기 때문에 스트레스 받아 죽겠는데…사과하세요.
>
> **나:** 내가 왜 사과를 합니까? 우리 학과도 그런 문제로 시달리는데 내가 왜 그런 뜻으로 이야기하겠어요?!
>
> **상대:** 대학이 따로 떨어져 있어 좋지 않다고 했잖아요! 그 말이 통합해야 한다는 뜻 아닙니까!
>
> **나:** 어이가 없어서… 정말….

내가 "증거를 사취하고 결론을 내는 전략"에 완전히 패배를 당한 것이다. 뻔뻔스럽고 황당한 일을 겪고 난 후 몇 년 동안 정말 기분이 좋지 않았고 지금까지도 그렇다. 거기다가 내가 친하다고 생각한 동료까지 가세해서 사과해야 한다면서 거들고 난 이후, 난 이들

증거를 사취하여 결론을 내라

을 절대 다시 만나지도 아는 척도 하지 않았다. 아리스토텔레스가 토피카에서 가르친 교훈에 따른 것이다. "아무하고나 논쟁을 벌이지 말고, … 결코 불합리한 것을 내세우지 않고 만약 그럴 경우 스스로 부끄러워할 만큼의 오성을 지닌 사람과만 논쟁을 하라." 그러면 이에 대한 대응 전술은 어떻게 해야 할까?

> 아들: 용돈 주세요.
>
> 엄마: 뭐하게?
>
> 아들: 영어책 사게요.
>
> 엄마: 그저께 줬잖아.
>
> 아들: 그것은 영어 문제집이었잖아요.
>
> 엄마: 응, 책 사는 것보다 더 중요한 일이 있었구나. 그런 일이 있
> 으면 다음부턴 먼저 말하렴.

엄마는 증거를 사취하여 어떤 (아들은 돈을 책 사는 데 쓰지 않았다는, 그래서 다시 용돈을 달라고 해서는 안 된다는) 결론을 내리고 있다. 이때 아들은 다음과 같은 방법으로 궁지를 빠져 나갈 수 있다.

> 아들: 의심하지 마세요. 책 사는 것보다 더 중요한 건 그 책을
> 공부하는 일이에요.
>
> 엄마: 정말 샀단 말이야?

그러니까 내가 당한 앞의 사례에서 나는 다음과 같은 전술로 대응하는 것이 좋았을 것이다.

> **나:** 어이가 없어서… 정말 단과대학 통합 때문에 속이 많이 상하셨군요.

그러나 이렇게 해서 논쟁에서 이긴다 하더라도 그런 사람과는 논쟁을 하지 말아야 하고 다음부터 서로 만나지 않는 것이 좋다. 이 이야기를 하다 보니 갑자기 수년 전 박원순 서울시장 후보와 정몽준 후보 간에 일어난 설전이 생각난다. 두 후보가 서울시장 선거전 유세를 하다가 우연히 조우했다. 서로 어색했다.

> **박원순:** 바쁘시죠? 얼굴이 좋으시네요.
> **정몽준:** 얼굴 좋은 게 기분 나빠요?
> **박원순:** 아니, 아니, 건강이 최고인데….

정몽준 후보가 한 전술이 바로 증거를 사취하여 결론을 내는 것이다. 두 분이 서로 다시 보고 싶겠는가?

20

궤변에는 궤변으로 맞서라

이솝으로 알려진 아이소포스는 기원전 6세기 그리스 사람이다. 아이소포스가 쓴 우화에는 많은 지혜로운 글들이 있다. 그중 「안과 의사」란 제목을 단 글이 재미있어 옮겨 본다. 시력이 나쁜 어떤 부인이 안과 의사에게 자기 눈을 고쳐 주면 치료비를 내겠노라고 제안했다. 의사는 부인의 눈에 연고를 바르고 부인이 눈을 감고 있을 때마다 부인의 집에서 물건을 하나하나 훔쳐가기 시작하였다. 모든 것을 다 가지고 간 후, 의사는 이제는 치료가 끝났으니 합의한 대로 치료비를 달라고 하였다. 부인은 어이가 없었다. 재산도 없거니와 자기 재산을 의사가 전부 가져가 버리고서는 치료비까지 달라고 하다니! 결국 그 부인이 거절하자 의사는 그녀를 고소하였다.

그녀는 법정에서 이렇게 말했다. "치료를 시작하기 전에는 집안의 모든 물건을 볼 수 있었지만 이제 어떤 물건도 볼 수 없어요."[19]

의사의 궤변에 그녀는 치료받은 후 그전보다 눈이 더 나빠져서 약속을 지킬 수 없다는 궤변으로 맞섰다. 의사가 치료비 이상의 물건을 가져갔음에도 불구하고 치료비를 달라는 궤변을 늘어놓을 때 우리는 상대가 치료비 이상을 도둑질해 갔으니 치료비를 줄 수 없다, 상대가 속였다고 대응할 수도 있다. 그러나 그러자면 많은 시간과 절차가 필요하다. 말했다시피 논쟁술은 사안을 진위여부에 따라 논쟁하는 일이 아니라 오로지 그 논쟁에서 이기는 기술이다. 이솝 우화는 상대와 같은 방식의 궤변으로 대응하는 것이 낫다는 교훈을 준다.

하이델베르크 대학교에 처음 유학을 갔을 때의 일이다. 독일에 온 지 수개월도 안 된 어떤 여학생 한 분이 멘자(학생식당)에서 교수님 강의를 100% 알아들었다고 사람들 앞에서 떠벌리고 있었다. 그 때 '나는 논리학 수업에서 독일 학생들을 가르쳤다'고 응수하니까 그 여학생이 잠잠해졌다. 혹시라도 어떤 사람이 영어를 원어민처럼 잘 한다고 주장하면, '네가 원어민이면 나는 오바마다' 라고 주장하라. 그러는 것이 네가 얼마나 잘 하는지, 객관적으로 토플 시험은 어떻고 스피킹은 얼마나 잘 하는지 따지는 것보다 쉬운 길일 테니까.

언센가 전여옥 전 의원이 "나도 한때 진보였습니다"라고 말하자 유시민 전 장관은 "당신이 진보면, 나는 체 게바라다"라고 응수한 적이 있다. 내 친구 아들의 성적은 학급 40명 중에 30등이었다. 엄마

19 『이솝우화집』, 185쪽의 내용을 저자의 의도에 따라 약간 변형하였음.

가 비난을 하자 그 아들은 학기말 시험은 1등까지 올라가서 엄마 코를 납작하게 해 줄 거라고 말했다. 그러자 엄마는 지지 않고 "네가 1등까지 올라가면 나는 에베레스트까지 올라갈게"라고 응수했다. 일단 엄마가 이겼다. 기다리고 이해하고 칭찬하는 것도 중요하지만 때로는 직면하기라는 무기를 사용하는 것도 교육과 치료의 좋은 방법임을 알 수 있다.

얼마 전에 친일파 문제로 이런 논쟁이 있는 것을 보았다. 어떤 사람이 이렇게 말했다. "우리 또한 일제시기에 태어났으면 친일을 하지 않았으리라는 보장이 없습니다." 누가 이런 궤변을 늘어놓는지 여러분들은 잘 알 것이다. 이때 우리는 "그럼 누구나 살인을 저지를 수 있다고 살인자를 처벌해서는 안 된다는 말입니까?"라고 반박하여야 한다. 아니면 "친일파를 옹호하는 것을 보니 당신이 친일파군요." 궤변에는 궤변으로.

수업 중에 어떤 학생이 내게 보내 준 에피소드인데 출처가 어디인지는 분명하지 않다. 『톰 소여의 모험』으로 유명한 미국의 작가 마크 트웨인은 궤변을 늘어놓기로 유명했다 한다. 하루는 잘난 척하기로 유명한 목사가 설교를 하고 나서 당당한 태도로 트웨인에게 이렇게 말했단다. (참고로 트웨인은 목사를 참 싫어했다 한다.)

목사: 어떻습니까? 제 설교가 이만하면.
트웨인: 매우 감명 깊게 들었습니다, 그러나 한마디 한마디 모두

궤변에는 궤변으로 맞서라

트웨인이 목사에게 보낸 것은 성경 한 권뿐이었다. 이렇게 쉽게 납득할 수 없는 궤변은 궤변으로 응수하는 것이 상책이다. 농담집에 나오는 이탈리아인과 유태인의 자기나라 자랑에 대해 이런 것을 읽은 적이 있다.

이탈리아인: 얼마 전에 로마의 유적지를 발굴했는데 녹슨 전선이 나왔어. 그게 무엇인 줄 알겠어? 그건 바로 우리 선조들이 전화를 발명하여 사용했다는 증거야!

그러자 유태인이 가만 있을 수 없다. 이탈리아인의 궤변에 유태인은 한 수 더 높은 궤변을 늘어놓았다.

유태인: 우리가 예루살렘에서 발굴한 결과를 알아? 그때 발굴팀은 전선은커녕 아무 흔적도 발견할 수 없었어. 그것은 바로 우리 선조들이 무선전화를 발명하여 사용했다는 증거야!

21

결론을 정해 놓고
말한다고 주장하라

사실 대부분의 주장은 갑에 의해 정해진다. 예를 들어

> **아들:** 아버지, 저 민주랑 결혼할래요.
>
> **아버지:** 그래? 해라. 다만 결혼 비용 같은 것은 너희들이 알아서
> 해라.

아들의 결혼 상대가 맘에 들지 않는다는 뜻이다. 그러니 누가 무엇을 주장한다는 것은 이미 답을 정해 놓고 하는 것이나 다름없다고 할 수 있다. 언젠가 학생들 사이에서 유행하는 말 중에 "답정너"(답은 정해져 있으니 너는 대답만 해)라는 것이 있다. 남자가 여자 친구와 저녁

을 먹으러 간다. 그리고 저녁 메뉴에 대해 묻는다.

남자: 뭐 먹을까, 우리?

여자: 음… 아무거나… 너 먹고 싶은 거….

남자: 치킨, 피자, 햄버거?

여자: 음… 그럼 감자탕 먹으러 가자.

남자: 답정너! 답은 정해져 있으니 너는 대답만 해?!

여자: 네가 아무거나 먹어도 된다고 했잖아?

남자: 치킨, 피자, 햄버거가 아무거나야?

사실 "아무거나"라고 말하는 우리는 아무거나 먹질 않는다. 그리고 여자가 '아무거나'라고 말했다고 된장찌개나 삼겹살이나 짜장면 같은 것을 먹으러 간다면 둘 사이는 그날로 아주 끝장이다. 자, 이렇게 상대가 우리에게 무엇을 시인하도록 요구하지만 그 결과가 뻔하게 상대에게 유리하도록 결론이 날 것 같은 경우, 우리는 그 논쟁이 그대로 진행되도록 두어서는 안 된다. 그때 우리는 상대가 결론을 정해 놓고(답을 정해 놓고) 있다[20]고 단호히 거절해야 한다. 그러니까, 결혼을 두고 논쟁하는 아들은 아버지가 결혼 비용 어쩌고 하는 것이

20 사실상 이것은 선결문제 요구의 오류(petitio principii)이다.

논쟁을 수동적으로 수행하는 방법들

'민주랑 결혼 반대'라는 결론을 정해 놓고 있다고 큰 소리로 말해야 한다.

사실 우리는 평소 대화할 때부터 답을 정해 놓고 말하거나, 그렇지 않더라고 답을 정해 놓고 말한다고 큰 소리로 상대를 닦달할 때가 많다. 전화를 잘 안 받는 남친을 여친이 견디다가 남친에게 이렇게 공격을 한다.

여친: 너 내가 보고 싶긴 한 거니? 안 보고 싶지?

아니면

여친: 네가 전화 안 해도 내가 어차피 할 거니까 전화 안 하는 거지?

그러면 남친은 이렇게 말할 수밖에 없다.

남친: 자기가 그렇게 말하면 내가 뭐라고 말해? 이미 내가 자기를 안 보고 싶어 한다는 결론을 정해 놓고 말하는 거 잖아?

이 정도야 말싸움으로 끝날 공산이 크지만 문제를 법정으로 옮겨가서 이런 전략을 모르면 우리가 상당한 치명상을 입을 수 있다. 경찰이나 검찰에서도 결론을 정해 놓고 피의자를 신문하는 경우가 허다하다. 내가 어떻게 정당하게 방어할 수 있는지를 살펴보겠다.

> 검사: 피고인은 피해자를 찌르고 난 뒤 칼을 어디에 숨겼습니까?
>
> 피고: 저는 아무 데도 칼을 숨기지 않았습니다.
>
> 검사: 그럼 아직 가지고 있다는 말입니까?
>
> 피고: 아닙니다. 제게 칼은 없습니다.
>
> 검사: 방금 숨기지 않았다고 하지 않았습니까? 그렇다면 가지고 있다는 말 아닙니까? 피고인은 위증을 해서는 안 됩니다.
>
> 피고: 검사님은 지금 제가 피해자를 찔렀다는 결론을 정해 놓고 신문을 하고 있습니다. 무죄추정의 원칙을 지키지 않는 검사의 신문을 신뢰할 수 없습니다.

여기서 보는 것처럼 상대가 결론을 정해 놓고 말한다고 주장하는 것은 매우 중요한 일이 될 수 있다. 그렇지 않으면 검사나 경찰의 유도신문에 넘어가고 나는 본의 아니게 불리한 진술을 하게 되어 억울함을 당할 수도 있다.

새누리당이 활개를 치고 있었을 때의 일이다. 새누리당이 보궐선거 결과에 대해 자만을 하고 있을 때였다.

이번 보궐선거 결과 국민은 야당을 선택하지 않았습니다. 맞지요? 그러므로 야당은 여당에 협조하여 공무원연금개혁안을 조속히 처리하여야 합니다.

그러면 국민들은 선거결과와 여당에 대한 협조(또는 공무원연금개혁안을 조속히 처리하는 데 대한 협조)를 동일시한다. 때문에 야당은 상대가 결론을 정해 놓고 있다고 큰소리로 말하며 거부했어야 한다. 선거에서 졌다고 입법을 졸속으로 처리할 수 없다고 큰 소리로 외쳤어야 한다. 다른 사례를 들어 보겠다. 19대 대선 전에 20대 국회의원 총선 결과 더불어민주당이 제1당이 되었다. 그러자 더불어민주당은 다음과 같이 주장하였다.

국회의장은 관례상 제1당에서 선출됩니다. 이번 총선 결과 더불어민주당이 제1당이 되었습니다. 맞지요? 그래서 국회의장은 당연히 더불어민주당에서 나와야 합니다.

그러면 새누리당은 상대가 이미 결론을 정해 놓고 그것을 요구한다고 주장하며 단호히 거절하여야 한다. 더구나 제2당이 된 이유가

무엇인지를 물어야 한다. 그리고 곧바로

우리가 제2당이 된 것은 공천을 잘못해서 그런 것이라고 보지요?

라고 묻는다. 그리고는

좋습니다. 공천이 잘못되어 7명의 국회의원이 무소속으로 당
선이 되었지요? 그 잘못된 공천을 우리는 지금 바로잡고자 합
니다. 그분들을 모셔 올 것이고 그렇게 되면 우리 당이 제1당
이 되는 것입니다.

민주당도 그렇게 하지 않았고, 새누리당도 그렇게 하지 않았다.
그리고 세월은 지나갔다. 그러나 이런 상황은 언제든지 다시 반복
될 수 있다. 그러므로 우리는 과거에서 배워야 한다. 지금이라도 다
시 논쟁술을 익혀야 한다.

6

상대의 논지를
이용해
거꾸로
반박하는
방법들

22

상대가 과도한 주장을 하도록
몰고 가라

우리나라의 선생님들이나 부모님들은 중학생쯤 되면 헤르만 헤세의 『데미안』을 반드시 읽어야 될 것처럼 생각한다. 그래서 자녀들에게, 제자들에게 이 책을 읽기를 권한다. 하지만 정신적으로 미성숙한 나는 대학생이 되고 나서야 이 책을 읽었다. 이 책에서 가장 기억에 남는 것은 에밀 싱클레어가 프란츠 크로머에게 걸려들어 혹독한 고통을 받는 에피소드이다. 라틴어 학교에 다니던 싱클레어가 수업 없는 어느 날 오후에 친구 둘과 크로머에게 휘말려 다리 밑에서 온갖 영웅담을 늘어놓게 된다. 집단에서 따돌림 받지 않기 위해 황당무계한 도둑 이야기를 꾸며 댔던 것이다.

물방앗간집 과수원에서 한 자루 가득 사과를 훔쳤는데, 그것도 최고의 품종만 골라 훔쳤다는 내용이었다. 이야기를 마치자 크로머는 반쯤 뜬 실눈으로 에밀을 쏘아보며 물었다. "그 얘기 진짜야?" 그러자 에밀은 겁이 나서 숨이 막히는 것도 참아 가며 사실이라고 했다. 크로머는 멈추지 않고 하느님을 걸고 목숨을 걸고 맹세할 수 있느냐고 물었다. 그렇다고 대답했지만 일은 여기서 끝나지 않았다. 이어서 크로머는 그렇잖아도 물방앗간 과수원 주인이 과일을 훔쳐 간 사람을 알려 주면 2마르크를 주겠다고 했다고 협박을 한다.

이 이야기를 생각해 보는 것은 바로 이번 논쟁술 전략 때문이다. 크로머는 상대를 이용할 줄 알고 상대가 스스로 과도한 주장을 하도록 몰고 간 것이다. 어쩔 수 없이 영웅담을 말하도록 만들고 그것도 아주 근사한 것(무거운 도둑질)을 말하게 하여 어쩔 수 없이 맹세하게 하고 그리고 그것을 이용해 돈을 달라고 위협을 한다. 그러니까 마음이 약해서 따돌림받는 것이 두려웠던 싱클레어가 과도한 주장을 하도록 몰고 간 것이다. 상대를 자극하여, 즉 상대를 우쭐하게 하거나 아니면 상대가 나를 제압하기 위해 더없이 큰 과장과 거짓말을 하도록 몰고 가는 전략이다. 제한된 조건, 즉 싱클레어의 경우 어떤 영웅담이라는 프레임 안에 제한적인 이야기를 그 틀을 넘어서는 데까지 끌고 감으로써 상대가 과도한 주장을 하게 하고 그 주장을 반박하면 원래 주장한 명제, 즉 싱클레어 자신이 영웅이라는 주장을 반박하게 만드는 것이다.

물론 상대가 과장된 쪽으로 몰고 가더라도 이렇게 말려들지 않도록 조심해야 할 것이다. 혹시라도 상대가 나의 틈을 노린다면 "내가 말한 것은 이러이러한 뜻으로 말한 것이지 더 이상의 것이 아닙니다"라고 즉시 말해야 한다. 과도한 주장을 하는 것은 우리 스스로가 아니라 상대이므로 우리가 시뮬레이션으로 할 수 있는 것이 아니기 때문에 어떤 사례를 살펴보는 것으로 만족하겠다. 몇년 전에 모 대학 교수님들이 집단적으로 재단이사장의 구조조정에 저항한 적이 있는데 그때의 일이다.

> **교수들**: 우리들이 목이 날아가도 그런 기업식 구조조정은 안 됩니다.
>
> **이사장**: 좋아, 목을 내놓았다, 그럼 목을 쳐 드리지. 조두들!
>
> **교수들**: 뭐라고? 우리가 새대가리라고?

　　교수들과 이를 지켜보던 언론은 구조조정을 하는 이사장이란 사람의 태도가 너무 과도하게 나갔다고 생각하고 언론에 불을 지핀 것이다. 상대가 과도하게 주장하더라도 어떤 경계를 넘어서서는(조두 鳥頭라는 표현) 안 된다. 물론 우리가 논쟁에서 이기려고 한다면 상대가 과도한 주장을 하도록 분위기를 조장하여야 한다. 크로머처럼 말이다. 독자들은 이 부분에서 의아해 할 것이다. 우리가 진정 그렇게 살아야 하나 하는 회의를 가질 것이다. 그런 분들은 다만 이런 상황에 내몰려 과도한 주장을 하지 않도록 조심하기만 하면 된다. 그러나 우리 인간은 별 거 아닌 것 같지만 친구나 부부끼리 하는 일상적 대화에도 과도한 주장을 하도록 몰고 가려는 속성이 있는 것 같다. 다음의 대화를 살펴본다.

상대가 과도한 주장을 하도록 몰고 가라

여친: 너 수지 좋아하지?

남친: 수지 좋지.

여친: 그러면 윤아는?

남친: 윤아도 나쁘지 않지.

여친: 설현이도 좋아하냐?

남친: 설현이도 나쁘지 않은 편이지.

여친: 그럼 너는 예쁜 여자 연예인 다 좋아하네.

남친: 여자는 예뻐야지…너처럼…얼굴이… 돈 없게 생겨 갖고…

　　　아니 돈 많이 들게 생겨 갖고….

남을 해치기 위해 말하는 사람은 없다. 이기심과 허영심 때문에 돌변하기가 쉬운 것이다. 여친은 남친의 속마음을 알아보기 위해 과도한 주장을 하도록 몰고 간다. 만약 남친이 순간적으로 정신을 차리고 과도한 주장을 하지 말아야겠다는 생각이 들면 위의 예문 마지막 문장을 다음과 같이 고쳐 말하는 것이 좋다.

남친: 여자는 예뻐야지…너처럼…얼굴이… 돈 없게 생겨갖

　　　고…아니 돈 많이 들게 생겨갖고….

　　　연예인은 연예인일 뿐야. 그냥 연예인으로 좋아한다는

　　　거지.

　　　그리고 난 뭐 걔들이 좋아할 만큼 잘 생겼남?

나쁜 의도는 아니지만 가끔씩 아이들의 교육을 위해 이런 과도한 주장을 하도록 몰고 가는 것도 필요하다. 20년 전쯤 이런 일이 있었다. 바둑을 어디서 배웠는지 다섯 살 배기 막내아들이 바둑을 두자는 것이었다. 자기가 이기면 재미있어 더 두자고 하고, 지면 약이 올라 다시 두자고 하여 어느덧 열두시가 되었다. 내가 "이제 그만하고 자야지!" 하고 했지만 막무가내였다. 그래서 나무랐더니 손으로 바둑판의 알들을 쳐내 버리는 것이 아닌가? 그리고 눈을 흘기면서 나를 노려보았다. 그래서 대뜸 내가 "아빠 죽어 버렸으면 좋겠지?"라고 말했더니, 아들은 "네!" 하고 냅다 소리를 질렀다. 그래서 나는 갑자기 옆으로 쓰러져 버렸다. 실감나게. 옆으로 실눈을 뜨고 보았더니, 아들은 갑작스런 사건에 적잖이 당황하는 것 같았다. 그래서 다시 일어나면서 "그래도 아빠가 살아 있는 게 더 좋지?" 했더니 고개를 끄덕였다.

이렇게 우리는 상대의 주장을 한계가 넘는 곳까지 끌고 가야 한다. 그러면 상대가 감정의 절제를 하지 못한 채, 무리한 주장을 하게 된다. 그러면 그 주장은 반박하기가 쉬울 테고 그 주장을 반박하면 그의 주장 전체를 반박하는 효과를 가져온다. 우리 아들이 좀 더 성숙했다면, "저는 그냥 아빠가 미운 것이지 죽기를 바라지는 않아요!"라고 말했을 것이다. 가정에서도 이런 과도한 주장 때문에 파탄을 맞는 경우가 많다. 그 파탄을 막으려면 제동을 걸어 "내 말은 이런 뜻이지 그 이상이 아닙니다"라고 말해야 한다. 이성을 찾으라는 뜻이다.

안철수 국민의당 대표가 2017년 11월 23일 원외 지역위원장들과

의 간담회에서 자신을 비판한 국민의당 여성 지역위원장을 향해 손
가락질하며 "왜 싸가지 없이 말하냐"고 막말을 한 것으로 알려져 파
문이 일었다. 그 사건을 재구성해 보면 이렇다. 당시 상황이 일어난
것은 안 대표가 바른정당과의 통합의사를 비쳐 국민의당 당내 구성
원들끼리 갈등이 생기는 상황이었다.

> **위원장:** 국민의당은 안철수당이다. 마음대로 하시라. 그 대신 만
> 약에 이게 닭 쫓던 개 지붕 쳐다 보는 꼴이 되면 책임지
> 셔야 한다.

사실여부를 떠나 위원장의 이 발언을 보면 안철수 대표를 과도
한 주장을 하도록 몰고 간다는 인상을 받는다. 왜냐하면 자신의 속
마음과 다르게 "국민의당은 안철수당이다"라고 자극했기 때문이다.
위원장이 행사가 끝난 뒤 안 대표에게 다가가 사과를 하자, 안 대표
가 손가락질을 하며 "왜 싸가지 없이 말하는데 … 싸가지 없이"라고
했다. 안철수의 이미지로 볼 때 아무도 믿을 수 없는 일이 일어난 것
이다. 결국 그는 사과하고 말았다. 위원장 본인이 의식을 했든 못 했
든, 이것은 과도한 주장을 하도록 몰고 가는, 그래서 이성을 마비시
키는 논쟁의 전술이다.

23

거짓 결론들을 제시하라

우리는 셰익스피어의 작품 『베니스의 상인』을 너무나도 잘 알고 있다. 이 작품은 반전 있는 플롯으로 우리에게 재미를 더하지만 재판 장면은 여러 가지 점에서 되새겨 보아야 할 것 같다. 우리가 전통적으로 배운 것은 단순한 권선징악의 프레임이다. 그러나 작품을 권선징악으로만 읽지 않는다면 고리대금업자 샤일록의 사악한 이미지나 반유대주의 이런 것들이 꼭 셰익스피어의 생각이라고 볼 수도 없다. 샤일록이 계약을 어긴 사람에게서 가져갈 '1파운드의 살'에는 피는 포함되지 않았으니 피를 한 방울도 흘리지 않아야 한다는 지점에서 우리는 셰익스피어 문학에 환호를 지르고 만 것이다. 그러나 이는 '거짓 결론'에 속하는 일이다. 계약서에 따로 명시된 사항이 없지만 일반적으로 1파운드의 살에는 '피'도 포함되어 있다고 해석할 수밖에 없기 때문이다. 그러나 포서의 판결은 자구字句만을 확대 해석한 경우로서 판사 포셔가 거짓결론을 제시함으로써 논쟁에서 이긴 것이다. 문학이니까!

이것이 오늘 우리가 이 장에서 내세우는 "거짓 결론을 제시하라"에 해당하는 전술로서 포셔가 상대의 주장에 포함되어 있지도 않은 부조리한 주장들을 찾아내어 그것을 반박한 것이다. 이 거짓 결론으로 샤일록을 반박하면 결국 간접환원법(Apagoge)처럼 상대의 불합리, 사악함 전체를 반박하는 것이 된다. 나의 경우도 학교에서 무슨 주장을 할 때 이런 거짓 결론을 제시함으로써 논쟁에서 이긴 경우가 있다. 학교에서 일방적으로 우리 학과를 구조조정하려고 한 경우가 있었다. 그래서 나는 이런 논리를 폈다.

> 대학의 구조조정이 성공한 경우는 전혀 없습니다. 이번 구조조정도 성공할 수 없습니다. 학부제의 경우를 보십시오. 지금까지 그렇게 떠들고, 여러 학교가 학부제를 해 왔지만 성공한 경우가 전혀 없습니다. 다시 학과제로 다 되돌아갔습니다. 이것은 결국 교육부가 대학과 교수들, 나아가 학생들을 길들이기 위해서 만든 제도입니다. 자꾸 건드려야 자기들의 무의미함을 감출 수 있거든요.

대학의 구조조정이 성공한 경우가 전혀 없다는 말은 물론 거짓 결론이다. 다시 학과제로 돌아갔다 하여 학부제가 실패한 것이라 할 수도 없기에 거짓 결론이라고 할 수 있다. 교육부가 대학 교수들

길들이기 위해서 만든 제도가 학부제라는 말도 사실은 거짓 결론에 해당할 수 있다. 역으로도 마찬가지다. 다시 말하면 학부제를 하자고 했을 때 기존의 학과제가 문제가 많다고 주장하는 것도 역시 거짓 결론이었을 것이다. 당시에도 그간의 학과제가 시대에 뒤떨어진 좋지 않은 제도라고 말했을 터인데 그것도 거짓 결론이었다. 그리고 교육부가 사실상 대학교수들을 길들이려고 하는 것이 아니라고 말했다면 그것도 거짓 결론이었을 것이다. 그러면 진실과 진리는 무엇인가? 논쟁의 세계에는 미안하지만 그런 것은 없다. 우리의 대화를 살펴보겠다. 한 남자가 진희라는 여자에게 구애를 한다.

남자: 진희야 나랑 사귀자.
진희: 난 지금 누군가를 사귀고 싶은 마음이 없어. 정말 미안해.
남자: 그 누군가가 바로 나지?

이 남자는 진희가 자기라는 남자와는 사귀지 않으려고 "누군가를 사귀고 싶은 마음이 없다"고 말한다고 거짓 결론을 내어 버린다. 진희는 이때 방어를 하려면 이렇게 대답해야 한다.

진희: 아니, 너뿐만 아니라 너를 포함한 모든 사람들.

이렇게 우리는 대화에서 진리나 진실을 말하는 듯하면서도 엉터리 거짓 추론과 왜곡된 진리를 따라 논쟁을 한다는 것을 알 수 있다.

친구: 친구야, 우리 아들 서울대 붙었다.
나: 걔가? 말도 안 돼. 그렇게 논다고 구박받던 애가?
친구: 글쎄….
나: 아버지가 의사니까 유전자가 좋긴 좋나 보네.

이 대화에서 나는 사실상 친구 아들의 실력을 인정하는 것이 아니라 '걔가 서울대 붙은 것은 오로지 의사인 아버지 덕을 보았다'는 거짓 결론을 내린 것이다. 이런 일은 정치적 수사修辭에서 단골메뉴로 등장하는 일들이다.

자유한국당 홍준표 대표는 2017년 11월 29일 한병도 신임 청와대 정무수석의 예방을 받자 대뜸 "우리 의원들 좀 잡아가지 말아 달라"고 말했다. 그가 "죄를 지었으면 수사를 해야겠지만…"이라며 이같이 말했다. 마치 청와대에서 죄 없는 자유한국당 의원들을 구속 기소하는 것처럼 들리게 말하려는 의도이다. 홍 대표가 이렇게 소위 '거짓 결론'을 낸 것은 최경환, 김재원, 이우현 등 한국당 소속 의원들이 검찰 수사를 받고 있는 데 대한 방어차원에서 이루어진 것이다. 이렇게 대응하지 않으면 어떻게 할까? 그 의원들 수사를 할 때 잘 봐달라 할까, 아니면 법대로 철저히 수사해 달라 할까?

정치가들이 이런 논쟁의 방법을 사용하는 것은 여야를 막론하고 일어난다. 4박 6일간의 미국 방문 일정을 마치고 귀국한 더불어민주당 추미애 대표는 인천공항에서 방미 성과를 묻는 한 기자의 질문에 "또 왜곡하려고?"라며 "빠져 주서 귀하는. 노땡큐"라고 반응했다. 앞으로 왜곡할지 안 할지 모르는 상황에서 과거를 들추며 왜곡할 것이라는 결론, 당연히 거짓 결론을 제시한 것이다. 자신을 비판한 그 언론사의 언론보도에 불쾌감을 표현하기 위한 것이다. 그러고는 곧장 다른 기자에게는 오히려 스스로 질문을 요구하면서 스스로 대답까지 하였다. 홍준표 대표나 추미애 대표 모두 좋은 여론을 얻지는 못한다. 그러나 그렇다고 어리석게 논쟁하고 대화하지 않는 것만은 사실인 것 같다.

24

반증사례를 제시하라

털어서 먼지 안 나는 사람은 없는 법이다. 장관 청문회를 통과할 자신이 있다던 사람도 어딘가는 문제가 있게 마련이다. 위장전입이라든가, 병역면탈, 표절, 부동산 투기, 탈세 등 안 걸리는 사람이 없는데, 사실 논문표절과 장관으로서의 역량은 거의 관계가 없지만 불법을 저지른다는 측면에서 단 하나의 사례만 제시해도 그 보편적 역량과 인격은 무너지게 된다. 과학적 가설도 마찬가지이다. 가령 우리가 '모든 백조는 하얗다'라는 가설을 세웠는데 검은 백조가 발견되자 그동안의 가설이 부정되는 것이다. 마찬가지로 '모든 인간은 남성이거나 여성이다'라는 가설은 양성을 가진 하나의 인간만 있어도 깨진다.

쇼펜하우어는 이런 사례를 든다. "모든 반추동물은 뿔이 있다는 명제는 낙타라는 단 하나의 사례로 무너지고 만다."[21] 토머스 쿤

Thomas Kuhn은 과학적 발전은 반증사례 연구를 통해 이루어져 왔다고 주장한다. 말하자면 한 시대의 믿음이 새로운 시대의 믿음에 의해 허물어질 때 발전이 이루어졌다는 뜻이다. 그런데 여기에는 함정이 있다. 우리의 대화가 많은 부분 과학적 진리를 따른 것이 아니라 허황된 가설이나 이야기일 경우에 더욱 그렇다. 가령 믿음 생활을 잘 하면 신께서 실제적 축복을 내려 준다고 가정한다면(우리는 과학적 진실과 상관없이 종종 그렇게 살아간다) 여러 가지 반증사례들이 생겨날 수 있다. 우리가 주위에서 겪는 한 사례를 들어 설명해 보자.

> 아내: 당신은 세례도 받고 세례명도 있는데 성당에는 왜 안 가
> 죠? 성당 가니까 이사도 좋은 집으로 하고 어머님 병도 나
> 으시고 아들 군대 잘 마치고 무사히 제대했잖아요!
> 남편: 정말 성당 나가서 좋은 일만 생긴다면 지난번 우리
> 딸은 대학에 왜 떨어졌나요?

이 전술이 소위 반증사례를 통한 간접환원법이라고 말할 수 있겠다. 귀납법은 원칙적으로 상대의 명제를 부정할 수많은 사례들이 필요하다. 위의 경우에도 남편은 제일 먼저, 믿음과 축복은 관계가

상대의 논지를 이용해 거꾸로 반박하는 방법들

없는 허황된 것이라고 반박할 수도 있고 내가 믿음을 가진 것이 기복신앙 때문이 아니라고 말할 수도 있고, 나아가 어머님 병이 나은 것은 운동을 하셨기 때문이고, 확률이 낮은 특별한 사고가 아니라면 군대를 무사히 다녀온 것도 꼭 성당을 나가기 때문이 아니고, 좋은 집으로 이사 간 것은 사실 갑자기 부동산 가격이 오른 것이지 집 자체가 좋은 것이 아니라고 반박해야 한다. 그러나 그렇게 하려면 많은 시간과 노력과 입증자료가 필요한데 순간적으로 벌어지는 논쟁에서 언제 그것을 다 입증할 것인가? 그래서 우리는 단 하나의 치명적인 사례를 제시하여 상대를 무너뜨리는 전략으로 반증사례의 전술을 사용한다.

한번은 내가 강연을 하면서 한국의 기업경영은 세습이고 그런 면에 있어서 북한의 권력세습과 다를 바 없다는 주장을 하였던 적이 있다. 그리고 교회도 마찬가지로 세습을 하는 나라가 우리밖에 없다고 다소 과도한 주장을 하였다. 그랬더니 청중 가운데 한 사람이 반박하는 질문을 하였다. "교수님, 유한양행의 유일한 사장은 전문경영인에게 자리를 물려주었거든요." 이 한마디에 나의 주장은 힘을 잃고 말았다. 상대가 논쟁을 할 만한 사람이고, 또 그럴 필요가 있는 경우에만 논쟁을 해야만 한다. 사랑하는 사람끼리 어쨌든 이겨 보자고 논쟁을 했다간 둘 사이의 관계만 나빠진다. 다만 이 반증사례를 배워 다른 방식으로 접근할 수는 있다.

> **여친:** 아 나는 망했어. 정말 스펙도 좋지 않고 취업도 안 되고 모두들 날 싫어해.
>
> **남친:** 아니야, 넌 내게 최고의 스펙이고, 날 너에게 취업하게 해 준 사람이며 모두들 싫어하지 않아 보라고! 내가 있잖아!

이런 대화에도 사실상 반증사례의 전술이기는 매한가지이다. 이런 대화 방식은 얼마든지 유머로 활용될 수도 있다.

> **엄마:** 내가 나쁜 사람이라고?
>
> **아들:** 아니! 엄마는 너무 좋은 사람이야. 능력 있고, 아들 잘 챙겨 주고, 요리도 잘하고, 잔소리도 안 하고… 그런데 아들을 남의 자식 취급해.

사법시험 유지 여부를 놓고 '금수저·흙수저' 논쟁이 국회 안팎에서 벌어진 일이 있었다. 2017년 폐지되는 사법시험을 존치시키기 위한 변호사시험법 개정안 처리를 앞두고 국회는 2015년 11월 18일 공청회를 열었다. 이 자리에서 새정치민주연합 소속 이상민 국회 법사위원장은 "로스쿨(법학전문대학원)은 '고비용 음서제蔭敍制(고려와 조선에서 고급 관리의 자손을 과거시험 없이 채용했던 제도)'"라며 "졸업 후 취업 과정까지 불공정하다는 비판이 있다"고 사시 존치의 필요성을 강조했다.

이에 토론자로 나온 김정욱 한국법조인협회 회장은 "사법시험은 3% 내외의 합격률로 96%가 넘는 불합격자와 가족을 방황하게 만든 시험"이라며 폐지를 주장했다. "로스쿨의 장학금 비율(37%)을 고려하면 실제 등록금은 890만~900만 원 초반으로 일반 대학원과 비슷하고, 재학생 중 20%는 연소득 2600만 원 이하"라고도 했다. 그러나 나승렬 변호사는 "합격률 3%가 문제라면 합격률이 1.7%인 서울시 공무원 시험도 폐지해야 하느냐"며 반박했다.[22] 나승렬 변호사는 서울시 공무원 합격률이라는 단 하나의 사례로 사법시험 폐지에 대한 완벽한 반박을 했다. 이 전술은 다른 상황은 다 무시되어도 될 만큼 강렬한 것이다.

내가 소속한 학과를 없애려는 시도는 항상 있어 왔다. 그들이 주장하는 것 중의 하나는 독어교육과를 졸업한 학생들을 대상으로 하는 독어교사 임용시험이 없다는 것이었다.

> **당국:** 독어교육과는 자기가 전공한 과목으로 교사로 임용되지 않습니다. 고로 학과를 폐지해야 합니다.
>
> **나:** 아니 사범대학 교육학과는 자기가 전공한 과목으로 교사가 된 경우가 원래부터 없었습니다. 교육학과부터 먼저 폐지하세요.

22 중앙일보 2015년 11월 19일자.

이런 강력한 주장은 바로 명료한 한 가지 반증사례로부터 출발한다. 사안을 일일이 반박하려고 하지 말고 아킬레스건이 될 만한 하나의 사례만 찾아도 우리는 상대에게 논쟁에서 우월한 지위를 찾을 수 있다. 상대가 꽃이 아름답다고 하거든 호박꽃을 한번 보라 하고, 만사가 허망하다고 하거든 눈이 졸망졸망한 당신의 딸을 생각해 보라고 하면 된다. 상대가 외로움을 호소하거든 변함없이 당신을 지키고 있는 하나님을 생각하라고 하면 되고, 상대가 지위와 권력에 심취한 자이거든 전 정권의 몰락을 보라고 경고하면 된다.

25

상대의 주장을
뒤집어 대응하라

상대가 "지금 최저임금이 오르지 않으면 서민들은 죽어납니다"고 말하면, 상대는 "당신들이 말하는 그 서민들은 최저 임금을 올리고 자영업자가 사업을 접으면 더 죽어납니다"고 대꾸할 것이다. 이것은 마치 아파트 화단을 망가뜨린 아이를 변호하는 부모에게 나쁜 이웃이 하는 주장과 같다. "죄송합니다 아이가 한 짓인데 그냥 넘어가면 안 되겠습니까?" 그 이웃은 "아닙니다. 아이이기 때문에 그 아이가 나쁜 버릇이 들지 않도록 따끔하게 혼을 내 주어야 합니다." 이런 일은 집에서 부부 간에도 자주 일어나곤 한다.

남편: 지난 밤 내가 폭행사건 때문에 경찰서에 갔던 것은 내가 술에 취해서 그랬어. 한 번만 용서해 주라.

> 아내: 아니야. 당신의 그 폭력은 언제나 술에 취하면 일어나. 앞
> 으로 그런 일을 보지 않도록 이번 기회에 아주 갈라지자고.

그렇다. 우리는 용서에도 반드시 논쟁술이 낄 수밖에 없다는 것을 잘 알고 있다. 이런 일은 정치에서도 얼마든지 일어나고 있다.

> A당: 노인들의 복지를 위해 대중교통 무료 탑승은 계속되어야
> 합니다.
> B당: 그 노인 복지라는 것 때문에 국가재정이 파탄 나고 있습
> 니다.

같은 사안을 두고 우리는 얼마든지 상대의 주장을 뒤집어 대응할 수 있다. 그런데 문제는 우리 문화 같이 논쟁을 즐기지 않는 문화일수록 이렇게 잘 대응하지 못한다는 것이다. 민족마다, 문화마다 논쟁에 대한 생각은 다르다. 미국에서는 유대인이 가장 논쟁적이고 유럽에서는 독일이 가장 논쟁적이므로 유대계 독일인이라면 세상에서 가장 논쟁적인 민족이 될 것이다. 그 이외의 유럽 사람이나 남미 사람들은 중간 정도이고 동양 사람들은 거의 논쟁적이지 않다. 예를 들어, 발리의 언어에는 "감정적인 대립을 드러내는 논쟁의 언어를 거의 찾아볼 수 없다"[23]고 한다.

이런 현상은 국민의당 이언주 의원이 '공동체 의식'을 언급하며 자신은 "아르바이트 월급을 떼였어도 노동청에 고발하지 않았다"(한겨레 2017.7.25)고 강조하다가 노동조합의 비판을 받는 데서도 찾아볼 수 있다. 어쨌든 우리에게 논쟁은 크게 중요한 것이 아니었음에도 최근 부쩍 민주시민의식의 함양과 더불어 논쟁이 격화되는 것을 많이 찾아볼 수 있다. 특히 생존의 문제가 걸려 있거나 이해관계가 있을 때는 그냥 넘어가지 않는 것이 우리 문화이기도 하다. 나도 미안하기는 하지만 학생들의 주장을 뒤집어 대응한 경우가 많다. 공휴일에 보강을 하자니 반대가 만만치 않았다.

> **학생:** 교수님, 휴일은 저희가 수업이 하나도 없어요. 그리고 공휴일은 쉬는 날입니다. 이날 보강을 한다니 말이 되지 않습니다.
>
> **교수:** 그렇습니다. 아무도 수업이 없는, 바로 그 이유 때문에 공휴일에 보강을 하자는 것입니다. 누구나 올 수 있고 강의실 시간을 맞출 필요도 없잖아요. 자, 그날 언제 시작할까요?

집에서는 상대의 주장을 뒤집어 대응하는 일이 비일비재하다. 가령 남편과 아내는 늘 아이의 학원 문제로 다툰다.

23 박성희, 『아규멘테이션』, 이화여자대학교출판부, 2014, 69쪽.

> 아내: 오늘 준우 태권도 학원 등록했어요.
> 남편: 뭐라고, 벌써 학원을 세 군데나 다니고 있는데 또 하나 더 한다고? 학원 다니는 것 때문에 피곤해서 코피까지 흘렸다며?
> 아내: 그러게요. 그렇게 몸이 약해서 안 되겠어요! 그래서 태권도 등록했어요.

정말이지 아이의 생각은 사라지고 부모가 아이의 문제를 맘대로 정한다. 부모의 생각의 차이 때문에 아이는 얼마나 고통스러워할지, 그럼에도 부모는 이런 아이의 심정을 이해나 할지 궁금하다. 논쟁이 시작되면 사람은 누구나 자기의 생각이 옳다는 것을 주장하려 들지 상대의 생각을 객관적으로 평가하려거나 사안의 중대함(아이가 어떻게 느끼는지)은 안중에도 없다.

'최순실 게이트' 관련 참고인 신분으로 검찰 조사를 앞두고 박근혜 전 대통령의 변호인이 기자회견을 가졌다. 서울중앙지검 앞에서 기자회견을 가진 유영하 변호사는 박근혜 대통령의 변호인으로서 입장을 밝혔다.

> 유영하: 국정혼란을 초래한 데에 책임을 통감합니다. 진실을 밝히는 데 최선을 다할 것입니다. 최순실 씨 사건으로 엄청

난 혼란을 야기해 변호인도 안타깝습니다. 변론 준비에 치중해야 하기에 언론과 소통하기 힘들 테니 양해 부탁합니다. (박근혜 대통령은) 대통령이기 전에 여성으로서 사생활도 있습니다. 그 점을 고려 바랍니다.

한국여성단체연합: 대통령으로서 법을 위반한 수사를 받아야 하는 상황에서 여성으로서의 사생활을 고려할 지점이 무엇인지 도저히 이해할 수 없습니다. 검찰은 여성으로서의 사생활을 수사하겠다는 것이 아니라, 대통령으로서 헌법질서를 파괴한 것에 대해 조사하겠다는 것입니다. 또한 이러한 발언은 여성은 약하고 특별하게 보호받아야 하거나 배려받아야 한다는 의미로 해석할 수 있는 성차별적이고 성별고정관념을 강화하는 발언입니다.

한국여성단체에서는 유영하 변호사의 주장에 대해 이렇게 대응하고 있다. 그러나 "여성으로서의 사생활을 수사하겠다는 것이 아니라, 대통령으로서 헌법질서를 파괴한 것에 대해 조사하겠다는 것입니다"라는 것은 사안논쟁에 가까운 것이다. 만약 이 단체가 유 변호사의 주장을 뒤집어 대응하려면 "그가 여성이기에 여성들의 권익과 정의를 지키기 위해 더욱 헌법을 잘 지켜야 했습니다"라고 대응해야 한다. 이것이 더욱 분명하고 효과적인 이유는 무엇인가? 그것을 우리는 이런 논쟁에 대한 시민의 반응에서 엿볼 수 있다.

시민1: 그는 여성이기에 정치적인 지도자의 꿈을 쉽게 이룰 수
있었다. 그런 만큼 자신의 죄를 인정해야 한다.
시민2: 얼마나 많은 여자들이 "쟤는 여자라서…" 라는 편견에 맞
서서 노력하며 사는데 정말 너무 모욕적이다.

한번은 유대교 랍비 힐렐에게 사람들이 『토라』가 무엇인지 이야
기해 달라고 하자, "네가 싫어하는 것을 너의 이웃에게 하지 마라.
이것이 『토라』의 전부다. 나머지는 모두 부연설명이다"라는 유명한
대답을 했다고 한다. 그보다 오래전에 공자는 "선생님, 한마디 말로
평생토록 실천할 만한 것이 있습니까?"라는 제자 자공의 질문에 "己
所不欲 勿施於人(기소불욕 물시어인) 네가 싫어하는 것을 다른 사람에
게 요구하지 마라"라는 말을 했다. 상대의 주장을 뒤집어 대응하라
는 전술은 이런 오래된 진리에서 비롯된 것이다.

7

논쟁의 개별
내용보다는
논쟁의 진행에
집중하는
방법들

26

상대가 화를 내는
논점에 집중하라

논쟁은 단순히 사안의 옳고 그름을 따지는 것이 아니기 때문에 이성적으로만 진행되는 것이 아니다. 여기에는 감정적 요인이 반드시 개입하게 되어 있다. 특히 사람의 옳고 그름을 이야기하는 경우 더욱 그럴 가능성이 높아진다. 그런데 논쟁을 하다 보면 상대가 화를 내는 경우가 있는데 그것을 잘 이용하면 이길 가능성이 높아진다. 물론 내가 화를 내면 상대는 그것을 이용할 가능성이 높고 내가 질 확률 또한 높아진다.

인간이 화를 내는 것은 사바나 생활을 한 인간의 원시적 유산에서 나온 것이라 한다. 자기의 의사를 관철시키기 위한 의사표시라는 뜻이다. 화를 낼 때 인간은 더욱 강해지기 때문이다. 맹수가 공격을 할 때 인간이 분노라는 기제를 작동시켜 피를 근육으로 모아 싸울 준비를 한다. 그러니까 화를 내는 것은 맹수의 공격으로부터 자신을 방어하기 위한 생존의 필수 조건이었던 것이다. 그런데 분노를 하면 피가 근육으로 많이 가고 뇌로는 적게 간다. 말하자면 이성적으로 생각하는 능력이 떨어진다. 짐승의 공격을 받을 일 없는 현대사회에서는 이제 이런 분노 같은 감정이 불필요하게 되었다. 오히려 대인관계에 어려움만 초래하는 것이다.

표상보다는 의지의 작용에 더 많은 관심을 둔 철학자 쇼펜하우어는 이런 인간의 모습을 잘 간파한 것 같다. 그는 이렇게 가르친다. "논쟁을 하다가 상대가 느닷없이 화를 내면 이 논점을 끈질기게 물고 늘어져야 한다."[24] 앞에서 말했듯이 상대가 화를 내면 생각이 짧아지거나 없어지기에 논쟁에서 유리할 뿐 아니라, 상대에게 원시적 행동을 유발하게 되어 사고과정에 약점을 드러내게 된다. 결국 의도적으로라도 상대를 화나게 하면 우리는 논쟁에서 이길 수 있다는 결론을 얻을 수 있다. 우리는 지난 19대 대선 기간 전체적으로 화를 가장 많이 내게 한 사람이 홍준표 후보라는 점을 인정할 것이다. 당시 문재인 저격수로 등판한 홍준표 후보는 노골적으로 문재인 후보를 다음처럼 화나게 만든다.

> 홍준표: 노(무현) 대통령 가족이 640만 달러를 뇌물로 받았으면 재수사하고 환수해야 하는 것 아닙니까?

24 『논쟁술』, 74쪽.

> **문재인**: 그게 뇌물이 되려면 적어도 노 대통령이 직접 받았거나 노 대통령의 뜻에 의해 받았어야 하는 것입니다.
>
> **홍준표**: 수사기록을 보면 노 전 대통령이 박연차 회장에게 직접 전화해 돈을 요구했다고 돼 있습니다.
>
> **문재인**: (다소 격앙된 목소리로) 이보세요, 제가 그때 입회한 변호사입니다.
>
> **홍준표**: 아니, 말을 왜 그렇게 버릇없이 합니까? 이보세요라니!

물론 미디어는 이 토론을 누가 나이가 많으냐는 식의 가십거리로 만들었지만 여기서 홍준표 후보는 '상대를 화나게 만들어' 논쟁에서 승리하려는 의도를 가지고 있다. 나중에 손석희 앵커가 말려서 더 이상 승부를 가르기 힘들었지만 자꾸 화나게 만들면 "당신 몇 살이야?" 같은 말로 연결되어 대선토론이 엉뚱한 방향으로 흘러갈 공산이 크다. 토론회에서든 검찰조사에서든 조리 있게 대답하지 않고 화를 내면 그 부분이 아킬레스건이라고 생각하고 상대를 물고 늘어져야 한다. 손석희 앵커가 중재하자 문재인 후보는 더 이상 화를 내지 않았다. 그것이 방어하는 좋은 방법이다. 사실 토론의 당사자는 화를 낼지라도 청중은 어느 쪽에도 편을 들지 않고 쿨하게 토론을 지켜본다는 것을 알아야 한다. 그리고 화를 낼 경우, '아 저렇게 발끈하는 것을 보니 저 사람 뭔가를 숨기고 있어'라고 생각하는 경향이 있다.

큰 잘못을 한 아이가 엄마가 화를 내면 자기가 오히려 잘한 것처럼 당장 이렇게 말할 것이다. "엄마는 왜 화를 내고 그래?" 그러고 난 뒤 애를 때리거나 위협하면 결국 교육적으로 훈계하려는 뜻은 사라지고 그전보다 못한 결과를 가져오고 만다. 교육적으로 훈계할 때 화를 내면 안 되는 이유가 여기에 있다. 홍준표 후보가 다른 후보를 가장 많이 화나게 만든 사람이라면 가장 많이 화를 낸 사람은 안철수 후보일 것이다. 안철수 당시 후보는 문재인 후보에게 이렇게 묻는다. "내가 갑철수입니까? 내가 MB 아바타입니까?" 그러자 문재인 후보는 의아하다는 표정을 지었다. 화를 내고, 자기가 화났다는 것을 보여 주는 사람도 있다.

이것은 호랑이 굴에 옷 벗고 들어가는 꼴인데 토론에서 논쟁은 하나마나가 되었고 결국 안철수가 당선 가능성에서 멀어진 계기가 되었다. 만약에 문재인 후보가 악의적으로 그를 화를 나게 하고자 했다면 이렇게 했으면 좋았을 것이다.

> **안철수**: 제가 갑철수입니까? 안철수입니까?
> **문재인**: 둘 다 아닙니다.
> **안철수**: 그럼 뭡니까?
> **문재인**: 간철수입니다.

상대가 화를 냄으로써 나를 비난하려 한다는 것을 알아챘다면 상대가 더욱 화를 내도록 몰고 가는 것이 좋다. 화를 내게 하고 그에 반응하거나 스스로 화를 내면 그 안에 반드시 어떤 약점(진실)이 들어 있다는 뜻이다. 앞에서 사례로 든 것처럼 그 이후에도 안철수 대표는 지역위원장에게 "싸가지 없다"는 말을 할 정도로 화를 잘 낸다. 이러면 논쟁에서 승리할 수 없다.

화나게 하는 사람과 화를 내는 사람의 문제가 나오면, 전자의 대표적인 정치가들로 홍준표, 이정희를 꼽고 후자로 안철수를 꼽을 것이다. 그렇다면 이번에는 김홍걸 더불어민주당 국민통합위원장이 어떻게 안철수 대표를 화나게 하는지 살펴보자. 지난 대선에서 안 대표가 자신의 SNS에 올린 "안철수, 국민 속으로-45일차" 동영상 내용을 김 위원장이 조목조목 반박하였다. 안 대표는 동영상에서 "의사, IT 전문가, 교수일 때는 오해가 생겨도 묵묵히 앞만 보고 제 일을 하다 보면 진실이 밝혀졌는데, 정치에 와서 그렇지 않다는 것을 느낀다"며 자신을 향한 여러 비판이 '왜곡'이라는 뜻을 내비친 바 있다.

김 위원장은 "세상 물정 모른다"는 비판을 안 대표가 "왜곡"이라며 해명한 것에 대해 "스티브 잡스와 비교하는데 그도 자기 분야에서는 뛰어났지만 세상 물정은 잘 모르는 사람이었다"며 "그분의 전기나 영화만 봐도 알 수 있는데 천재적인 재능이 없었다면 주변에서 따돌림당할 괴짜였죠. 결국 작은 사업에서의 성공이 그 사람이 사회성이나 다양한 분야의 지식을 갖췄다는 것을 증명해 주지는 않는다는 것"이라며 반박했다.

이어 "1000억 원을 기부한 사람한테 짠돌이라니…"라는 안 대표의 주장에는 "1000억 기부해서 재단을 만드셨을 때 민주화운동, 여성운동의 원로이셨던 박영숙 선생을 이사장으로 모셔 가서 월급과 판공비를 제대로 드렸는지 안 대표에게 한번 물어봐 달라"며 "그분이 80 노구를 이끌고 댁이 있는 일산에서 분당의 사무실까지 대중교통을 이용해서 다니셨다고 들었습니다. 그 정도의 배려도 안 해드렸다는 이야기"라고 비판했다.

또한 "현안이 있을 때 늘 발언을 했는데 왜 말을 안했다고 하느냐"는 말에 대해 "그 이유는 안 대표께서 현안이 있을 때 한참 이 눈치저 눈치 보다가 뒤늦게 발언하셨기 때문에 아무도 기억을 못 하는 것 아니냐"고 했다. 특히 "대선 후보 양보한 사람이 대통령 병 걸렸겠냐"는 주장엔 "단일화 협상이 마음대로 되지 않자 그냥 다 내팽개쳐 버린 것"이라며 "그래서 문재인 후보 지원유세도 막판에 마지못해 나왔고 선거 당일 결과도 보지 않고 외국으로 떠나 버리는 기상천외한 행동으로 '선거에서 누가 이기든 난 관심 없다'는 메시지를 던졌고 그렇기 때문에 누구도 그 당시 안철수 대표의 행동을 양보나 '아름다운 단일화'로 보지 않았다"고 비판했다.

이렇게 김홍걸이 비판하는 것은 그것이 안철수가 화를 내는 논점이라는 것을 알기 때문이다. 이럴 때 안 대표는 애써 태연한 척하며 조목조목 대꾸하지 말고, 논쟁술을 찾아 다음처럼 대응하면 된다.

대통령 아버지 등에 업고 뇌물받아 황태자처럼 살았던 분이
뭐 할 말씀이 없으셔서 입 다물고 반성이나 하고 있으시지…
그렇게 할 일이 없으시나? 남의 뒷조사나 하고 다니시게….

만약 그가 말한 것 중에 어느 것에 반응을 보이면 그 논점에 집중
하면 된다.

27

청중을 설득하라

논쟁은 두 사람 사이에서만 이루어지는 경우보다 청중을 두고 이루어지는 경우가 더 많다. 그런데 이 경우 논쟁에서는 이겼지만 청중들에게 야유를 받는 경우도 있고 논쟁에서는 졌지만 청중들의 지지를 받는 경우도 있다. 제18대 대선후보 토론 때 이정희 후보와 박근혜 후보 사이에서 일어난 일화도 마찬가지이다. 논리적으로나 내용적으로나 이정희 후보가 토론을 더 잘했지만 "나는 당신을 떨어뜨리려 나왔습니다"란 발언은 (물론 지지도로 볼 때 이정희 후보가 대통령에 당선될 가능성은 적었지만) 박근혜 후보를 오히려 도와주는 결과를 초래했다. 결국 박근혜 후보와 마주 선 문재인 후보에게 불똥이 튀었기 때문이다. 이는 상대는 이겼으나 청중을 설득하지 못함으로써 결국 논쟁에서 진 경우라 하겠다. 청중을 설득하는 가장 기초적인 사례를 아이들의 태도에서 찾아본다.

청중을 설득하라

213

딸: 엄마, 나 목말라.

엄마: 그럼 물 마셔!

딸: 나 물 싫어. 콜라 줘!

엄마: 안 돼. 탄산수는 해롭다고 했잖니!

딸: (울면서) 잉~ 아빠~.

아빠: 아이한테 너무 심하게 하지 마. 응, 그래 콜라 마셔도 돼.

식사 분위기를 깨지 않으려는 아빠(청중)의 마음을 정확히 꿰뚫고 있는 아이는 엄마와 논쟁하기보다 청중인 아빠를 (울음으로) 설득한 것이다. 이와 같이 인간은 처음부터 자기 편이 누구인지를 본능적으로 알고 이용한다.

그러나 쇼펜하우어는 이 전술이 주로 "학자들이 학술적 지식이 없는 청중들 앞에서 논쟁할 때 사용한다"고 제한하여 설명한다. "우리가 사안에 대한 논쟁도 사람에 대한 논쟁도 할 수 없을 경우, 우리는 청중을 향한 논쟁을 할 수 있다. 다시 말하면 말도 안 되는 반박, 그것이 말도 안 되는지는 전문가만이 알 수 있는 그런 반박을 할 수 있다."[25] 이렇게 되면 학자인 상대만이 그 사실을 알 수 있을 뿐, 청중들은 진실 여부에 대해 알 수 없다. 그리고 우매한 청중들은 아무

25 『논쟁술』, 75쪽.

논쟁의 개별 내용보다는 논쟁의 진행에 집중하는 방법들

때나 학자 같은 계층에 대해 비웃을 준비가 되어 있다. 이런 청중들에게 달콤한 말을 속삭여 반박을 하는 방법이다. 그러면 상대는 논문을 써서 입증을 할 수도 없고 나아가 그럴 만한 시간도 없다. 논쟁은 지금, 여기서 하는 것이기 때문이다.

학교 구조조정 때 내가 사용한 방법이다. 교무처장이 작은 학과는 통폐합 같은 구조조정을 통해서 없애야 한다고 주장하였다. 여기서 나는 구조조정의 문제, 통폐합의 문제 같은 질문들을 조리 있게 진행해서는 안 된다. 나는 우회적으로 이렇게 물었다.

> **나:** 처장님, 당신은 사회학과 교수로 알고 있습니다. 혹시 학과 학생들의 취업률이 어느 정도 되십니까?

여기서 상대는 저 사람이 무슨 이야기를 하려고 저러지, 하면서도 논쟁에 어떤 대비도 못 한다.

> **처장:** 저희는 학과가 다양한 특성이 있어서 100% 취직합니다.

바로 이 지점이 논쟁 낚시의 포인트이다. 상대는 나에게 낚인 것이다. 자기 학과가 나의 학과보다 우월하다는 것을 보여 주면 내가 논쟁에서 질 것이라고 생각한 것이다. 그러나 내가 노리는 것은 그게 아니다.

> **나:** 무슨 말씀이십니까. 그 학과가 100% 취직이 된다면 우리
> 학과는 500% 취직이 됩니다.

물론 말도 안 되는 소리다. 그러나 그 순간 청중은 웃고 만다. 거기에 온 청중은 주로 구조조정에 반대하는 사람들로 가득 차 있기 때문이다. 그리고 그 처장이 속한 사회학과가 100% 취직이 되는지 여부는 증명할 수도 없는 일이고 거기에 청중이 관심을 두지도 않는다.

> **나:** 우리나라의 어느 대학도 100% 취직이 안 됩니다. 처장님은
> 자기학과 취업률도 모르시나요! 그런 분이 요직에 앉아서
> 주먹구구식으로 타 학과를 구조조정하려 하다니 참 대단
> 하십니다.

나는 청중을 설득하는 방법으로 그를 이긴 것이다. 경기도 광명시에 이케아IKEA가 들어서자 지역상권 다 죽인다고 집회가 열렸다. 우리 사회에 대형유통체인이 등장하고부터 생겨난 또 다른 현상이다. 그들은 이렇게 주장한다.

광명시에 이케아가 들어와서 지역상권 다 죽입니다. 대형유통 체인이 등장하고부터 생겨난 또 다른 문제입니다. 바람직한 사회는 중산층이 건전한 경제활동을 할 수 있어야 하는데요. 이렇게 거대자본이 밀고 들어오면 그야말로 공룡이 삽시간에 주변을 평정하듯이 소상공인들을 다 죽이는 결과를 가져옵니다.[26]

이런 말을 들은 청중들은 이케아에서 물건 사는 것만 빼고 무슨 일이든 할 것이다. 그러나 정작 정말로 이케아가 지역상권을 죽이는지, 공룡이 너무 많이 먹어서 멸종하게 되었는지에 대한 검증은 필요가 없다. 실제로 이케아에는 DIY형 조립식 가구가 많아 우리 정서에 맞지 않아서 예상보다 상권을 죽이지 않을 수도 있다. DIY비중이 적지 않았던 영국의 B&Q가 우리나라에 들어왔다가 실패하고 철수한 바도 있다. 이케아는 일본에서도 90년대에 출점했다가 실패해 철수 후 2006년에 재진출해 현재 7개 매장이 영업 중이다. 그러므로 이케아가 성공할 확률은 많아 보이지 않는다. 그러나 이것을 일일이 제시하자면 통계와 여러 연구들이 필요하고 소비자는 선동하는 사람의 말을 믿게 된다. 온갖 형태의 제노포비아가 모두 청중을 설득하는 전술에 속한다. 가령 우리는 이렇게 호소하면 된다.

26 네이버 블로그 홍철호의 보도자료, (2015년 1월 4일) '광명시 이케아가 지역상권 다 죽입니다'

> 전통적으로 단일민족의 이 땅, 이 거리가 어찌 낯선 사람들에
> 게 넘어갈 수 있단 말입니까?

네오나치든, 일본 우익이든, 미국의 우익이든 할 수 있는 말이다.
설득력 있는 사례를 제시하기보다 이들은 청중의 감정에 호소한다.

8

사람의
지위나 상황을
이용하는
방법들

28

권위에 호소하라

쇼펜하우어는 논쟁을 할 때 "근거를 대는 대신 상대의 지식수준에 따른 권위를 이용하라"[27]고 충고한다. 권위를 이용하는 것이 근거를 대는 것보다 훨씬 빠르고 쉬운 길이기 때문이다. 미국의 대통령 레이건이 현재의 대통령 트럼프보다는 훨씬 더 많은 권위를 갖고 있다면 우리는 대체로 수긍할 것이다. 권위는 일종의 지배력인데 그것의 과학적 근거는 확실하지 않다. 가령 나치의 히틀러는 당시 확실한 정치적 권위(카리스마)를 갖고 있었는데 그것은 잘못된 것이었다. 이 경우 정치학에서는 권력과 권위를 구별하려고 하지만 확실히 구별되지 않는 것도 사실이다. 박근혜 전 대통령이 박정희 전 대통령의 권위를 등에 업고 정치를 시작했지만 국정농단사태 이후

27 『논쟁술』, 77쪽.

최순실과의 관계가 밝혀진 후, 그의 권위는 추락했다. 권위는 물리력의 행사 없이도 사람들을 순응하게 하는 힘을 가지고 있다.

「일 포스티노」라는 영화는 네루다와 친해진 어촌의 어리숙한 청년 마리오에 대한 이야기가 전개된다. 마리오는 네루다에게 수많은 여성들로부터 편지가 오는 것을 부러워하고, 시에 대한 관심을 가지고 네루다의 시를 많이 읽는다. 그럴 즈음에 식당에서 일하는 베아트리체 루소에게 사랑을 느끼면서 네루다에게 도움을 요청한다. 처음에 거절하던 네루다가 어느 날 그와 함께 베아트리체가 일하는 식당으로 가서 포도주 두 잔과 필기구를 요청한다. 그리고 마리오에게 선물로 준 노트에다가 베아트리체가 보는 가운데 동료이자 시인이라는 글과 함께 사인을 해 준다. 당연히 많은 사람들이 보고 있고 네루다가 인정한 권위로 인하여 베아트리체의 관심을 받을 수 있게 된다.

쇼펜하우어는 사람들에게 이런 권위가 중요한 것은 그들이 판단보다는 믿으려는 전통적 힘에 더 의지하기 때문일 것이다. 학벌 콤플렉스를 갖고 있거나 전통적 힘을 믿는 사람들은 언제나 권위에 대한 이런 잠재의식을 갖고 있기 때문에 스스로 권위가 있게 보이거나 권위 있는 사람의 말을 인용하면 쉽게 넘어가고 만다. 앞에서 언급한, 소위 주식 대박을 터뜨렸다는 박 모 씨는 학생이고 나이도 어리기 때문에 교수들만큼의 권위가 없다. 그럼에도 청년 버핏에 비유되면서 그가 마치 투자와 기부, 나아가 삶의 원리에 대해 어떤 권위를 갖고 있는 사람처럼 대접받았다. 생텍쥐페리나 교양을 좋아하는 사람에게 그의 말 한마디를 인용하면 권위 있는 사람처럼 비친다. 가령, 논쟁 중에 생텍쥐페리가 어린 왕자에서 말한 "말은 수많은 오해의 근원이다"고 해 버리면 그가 마치 논쟁에 대한 권위를 갖고 있는 것처럼 생각한다.

가끔씩 사이비 교주나 부동산 투기꾼 출신의 장관, 대학의 총장, 전과 있는 국회의원 또한 권위 있는 사람으로 행동할 수 있기 때문에 권위란 왜곡할 수 있고 심지어 날조할 수 있다. MB 정부 때의 자원외교같이 터무니없는 생각일지라도 사람들에게 그것이 보편적으로 받아들여지는 권위로 알려지는 순간 사람들은 그것을 당연히 받아들인다. 사실 원시 문화에서 목을 늘이는 장비를 하거나 코르셋으로 몸을 조이고 귀를 뚫는 것도 바로 이 권위라는 힘에서 나온 것이다. 사람들은 권위를 인정하는 순간 판단력이 흐려진 채 오로지 맹종하는 데 익숙해진다. 쇼펜하우어는 사람들이 이렇게 권위에 맹종하는 데에는 두 가지 이유가 있다고 본다. 그것은 바로 시간적·공간적 이유 때문이다. 너무 오래전부터 해 왔던 습속이기 때문에 어떻게 판단을 할 수 없는 것이고 다음으로 공간적으로 너무 멀리 떨어져 있기 때문에 확인할 수 없는 것이 대부분이다.

엄마: 애들은 정말 화나고 짜증나게 할 때가 많아요.

교수: 아닙니다. 아이들은 오히려 어른들에게 즐거움을 주지요.

엄마: 이론과 실제는 너무 달라요. 우리 집 애들처럼 별난 애들

은 다루기가 쉽지 않아요.

교수: 제가 올해로 30년째 문제아 아동상담을 하고 있어요.

엄마: 그런데 교수님은 결혼도 하지 않았고 아이를 낳아 보시지 않았잖아요.

이 두 사람은 서로 권위를 확보하기 위해 싸우고 있다. 그런데 엄마의 권위라는 것은 문제아를 키워 본 사람이라는 권위일 것이고, 교수는 문제아 상담을 오래한 권위를 가지고 있다는 것이다. 그러나 권위라는 문제를 좀 더 깊이 들여다보면 언제부터 교수가 권위를 가지고 목사가 권위를 가지게 되었는지 모호하다. 나를 처음 본 교수가 그리고 나를 처음 만난 엄마가 어떤 권위라는 것을 가지고 있다면 그것은 언제부터 생긴 것일까? 쇼펜하우어는 (나아가 그를 추종한 니체도) 이 권위의 발생학에 대해 상당한 불신을 가지고 있다. 말하자면 우리가 명품이라고 말하는 것도, 우리가 우수한 학생이라 말하는 것도, 우리가 영웅이라고 말하는 것도 처음에는 확인할 수 없는 어떤 것으로 만들어진 것이다.

이문열의 소설 『우리들의 일그러진 영웅』은 엄석대라는 인물을 통해 애당초 이런 보편적 견해라는 것이 어떻게 조작되는지를 잘 보여 주고 있다. 우리는 그저 어떤 사람이 말한 것을 따르는 것이지, 한번도 실제를 체험하지 않았다. 몇몇 사람이 신화를 만들고 그것을 검증 없이 보편적으로 따르고, 여러 사람들이 이를 믿고 그 추종자를 양산해 내는 것은 우리 사회에서 다단계 판매나 사이비 종교와 다를 것이 하나도 없다. 그러므로 우리는 이런 권위를 이용해 논쟁에서 손쉽게 이길 수 있다.

> **친구:** 무슨 소리야. 중퇴라니. 대학을 나와야 사회에서 인정받는 사람이 되지.
>
> **나:** 애플의 창업자 스티브 잡스도 중퇴를 했어. 그리고 페이스북의 창업자 마크 저커버그도 하버드 대학을 중퇴했지. 래리 엘리슨, 아만시오 오르테가, 폴 앨런 모두 중퇴를 했다구.

수백 명이 같은 소리로 오로지 대학을 나와야 한다고 강변한다면, 우리는 권위나 권위 있는 사람의 말과 행동을 이용할 필요가 있다. 사실 대학을 나와야 인정받는 사람이 되는 것도 사실이고 중퇴를 해도 좋은 CEO가 될 수 있다. 다만 논쟁에 필요한 것은 사실이나 사안이 아니라 이기는 일이다. 평범한 사람들과 논쟁이 붙었을 때 권위는 보편적인 견해로 이용될 수 있다. 평범한 머리를 가진 사람은 권위라는 무기를 들이대면 꼼짝없이 당하고 만다. 사고도 판단도 못한다.

심지어 대한민국 사법부에서는 '전관예우'라는 천하에 가장 고약한 관행을 만들어 시행하기까지 하고 있다. 이것이야말로 노골적으로 권위를 이용하는 것이라 하지 않을 수 없다. 검사나 판사는 그들의 권의를 위한 판단력을 서로 맞지도 않는 사건과 결론을 아귀 맞추는 데 일사불란하게 이용하고 있다. 이렇게 사람들이 권위를 찾는 이유는 아무리 터무니없는 생각이라도 많은 사람이 생각하는 것이라면 그냥 따르는 경향 때문이다. 오늘날 많은 심리학자들은 백화점에서 사람들이 아무 영문도 모른 채 긴 줄에서 물건을 사려 한다는 사실을 밝혀냈다. 긴 줄은 오늘날 곧 권위다.

29

정교한 반어법으로
자신의 무능력함을 선언하라

논쟁술 수업은 일반 수업과 다르다. 다른 수업은 지식 내용을 전달하는 것으로 어느 정도 강의의 목적을 이룰 수 있지만 논쟁술은 그런 상황이 실제적으로 이루어지는 것을 보여 주어야 하기 때문이다. 가끔씩 사례를 들다 보면 학생들의 기발한 아이디어가 작동되는 경우가 있어서 교수인 나는 당황할 때가 더러 있다. 마침 '정교한 반어법으로 자신의 무능력함을 선언하라'는 쇼펜하우어의 논쟁술을 사례를 들어 가며 설명했지만 학생은 어려워한 순간이었다.

나: 학생은 이 쉬운 전술이 이해가 되지 않습니까?

학생: 교수님은 독일에서 이런 공부를 오래 하셔서 쉬울지 모르겠습니다. 게다가 이와 관련된 책도 집필하지 않으셨

습니까! 저는 이제 겨우 대학교 1학년, 그것도 공대생입
니다. 더구나 논쟁술은 듣도 보도 못 한 강의입니다. 너
무 이해가 안 되어 수강취소를 해야겠습니다.

나: 그럴 필요 없습니다. 순전히 제가 부족한 탓입니다. 20여
년을 이 대학에서 강의했지만 이렇게 좌절된 경험을 하기
는 처음입니다. 제가 이제 교수직을 그만두는 것이 낫겠
네요.

물론 학생도 수강 취소할 마음이 없고, 나도 교수직을 그만두지
않았다. 중요한 것은 학생이 써먹는 것과 같은 전술을 그대로 나도
사용했고, 이런 전술은 우리가 가정에서도 또는 친구 간에도 사용할
수 있다. 상대의 주장에 대해 아무런 반론을 제시할 수 없을 경우,
정교한 반어법으로 자신의 무능력함을 이렇게 선언하라. "당신은
내가 생각할 수 있는 능력 밖을 생각하는 사람이야. 나는 도저히 당
신을 이해할 수 없어. 그리고 난 당신과 같이 살 수 있는 능력이 없
어." 이렇게 주장하여 오히려 논쟁에서 이길 수 있다.

쇼펜하우어는 이 전술을 "우리가 상대와는 비교가 안 될 정도로
명망이 있다는 것을 인정받을 경우에만 사용하라"[28]고 충고한다. 예
를 들어 교수 대 학생 간의 논쟁의 경우가 일어나면 교수가 사용해

야 하는 것이지 학생이 사용하면 위의 사례처럼 효과가 없다는 것
이다. 실제로 이 전술은 근거를 대는 대신 자신의 권위를 악의적인
방법으로 써먹는 경우이다. 위의 사례에서도 사실은 교수가 겸손한
것 같지만 학생을 경멸하고 있는 것이다. 이렇게 되면 학생은 원하
든 원하지 않든 그 사안(논쟁술)을 이해해야 하며 상황은 역전된다.
원래 학생의 의도는 교수의 주장을 '허튼 소리'로 매도하려한 것이
었지만 교수는 그의 '무지'를 말하면서 학생을 무시한 것이다. 다만
이 전술을 사용할 때 교수는 사람들이 눈치채지 못하게 아주 정중하
게 해야 한다.

30

상대의 주장을
증오의 범주에 넣어라

우리 대학에는 철학을 전공하여 자칭 논리학의 대가라고 생각하는 듯한 교수가 한 분 있는데 이분은 정말이지 논쟁적 대화에서 한 번도 논리나 논술로 상대하는 것을 보지 못했다. 그는 항상 논리가 아니라 논쟁술로 승리하는 것이다. 가령 어떤 교수(A 교수)가 정년보장 심사기준이 느슨하다고 지적하면, 위원장인 그는 대뜸 "A 교수, 당신도 느슨한 심사로 정년보장받지 않았소"라고 응대한다. 그러자 A 교수는 화가 나면서도 적절히 대응하지 못했다. 오히려 "저를 정년보장 심사위원회에 위원으로 위촉하고 이런 식으로 말하면 제가 무슨 결정을 할 수 있겠습니까?"라고 하자, 그는 "결정이 어려우시면 기권하실 수 있습니다"라고 맞받아쳤다. 이뿐이 아니다. 어떤 교수가 여교수의 권리가 신장되어야 한다고 하자 그는 대뜸 그녀를 페미니스트라고 몰아갔다.

한번은 내가 그에게 "교수님은 항상 논쟁의 사안을 교묘하게 피해 간다"고 하자, 그분은 나에게 대뜸 "당신은 일반화의 오류를 범하고 있다"고 응대했다. 이렇게 나는 그와 만난 지 20년이 지났지만 소통에 있어서는 만나지 않는 것이나 다름없다. 진정하게 대화를 하거나 논쟁을 하지 않기 때문이다. 그는 논쟁술의 대가이다. 그러나 우리는 그에게서 한 가지 방법을 배울 수 있는데 그것이 바로 상대의 주장을 내가 증오하는 것의 범주에 넣으라는 한 가지 방법이다. 예를 들면, 그는 많은 증오의 카테고리를 갖고 있다. 상대 교수를 '사이비 교주', '포주', '선동가', '이빨', '게이' 같은 증오의 범주에 포함시키는 것이 대표적이다. 이분은 내가 논리정연하게 시비를 가리면 나를 향해 '경북대의 이빨'이라고 표현하거나 궤변론자라고 표현한다. 이렇게 그는 항상 논쟁에서 이기는 것이다. 우리는 그분을 훌륭한 대학 교수라 부르지 않고 가히 논쟁술의 대가라고 불러야 할 것이다.

상대의 주장을 증오의 범주에 넣는 것은 앞에서 이미 지적한 유리한 비유를 말하는 것과 매우 유사하다. 궤변론자 대신 관념주의라고 붙이면 유리한 비유가 증오의 범주에 속하는 것이다. 독실한 기독교 목사를 사이비 교주라 비유하는 대신 우리는 유일신교주의자라고 하면 된다. 이런 방식으로 상대를 몰아가는 것이 내포하는 의미는 분명하다. 그것은 첫째, 상대를 이런 증오의 범주에 넣어 나는 이미 네가 말하고 있는 것을 알고 있다는 주장을 포함하게 된다는 사실이다. 나아가 당신의 범주는 이미 거짓으로 밝혀져 더 이상 어떤 진리도 담고 있지 않다는 주장을 동시에 포함하고 있다.

스피노자주의, 칸트주의, 무신론, 합리주의, 계몽주의, 카발라(신비주의), 유물론, 유심론, 자연주의 등이 그러한 범주에 속한다. 오늘날 페미니즘, 동성애, 뉴에이지, 공리주의, 오리엔탈리즘, 극우주의, 적폐 등이 그에 해당한다. 하나의 사례를 가져와 보자. 마이클 샌델의 『정의란 무엇인가?』라는 책에는 다음과 같은 사례가 있다.

> 당신은 전차 기관사이고, 시속 100킬로미터로 철로를 질주한다고 가정해 보자. 저 앞에 인부 다섯 명이 작업도구를 들고 철로에 서 있다. 전차를 멈추려 했지만 불가능하다. 브레이크가 말을 듣지 않는다. 이 속도로 들이받으면 인부들이 모두 죽고 만다는 사실을 알기에 절박한 심정이 된다. 이때 오른쪽에 있는 비상 철로가 눈에 들어온다. 그곳에도 인부가 있지만 한 명이다.[29]

이에 대해 당신은 전차를 비상철로로 돌리겠는가?란 질문을 하고 상대가 만약 그렇다고 말한다면, "당신은 공리주의자이십니다"라는 증오의 범주를 말해 버리면 된다. 반대로 상대가 그렇지 않다고 "아무리 숫자가 적다해도 죄 없는 사람을 죽이는 일 또한 잘못된 일이다"라는 주장을 한다면, "당신은 칸트주의자이시군요"라는 범주를 맞받아치면 된다. 미국의 45대 대통령 선거 유세 도중 미국 민주당 대선후보 힐러리 클린턴이 공화당 대선후보 도널드 트럼프 지지자

29 마이클 샌델, 『정의란 무엇인가』, 이창신 옮김, 김영사, 2010, 36쪽.

들을 비난했다.

> 극히 일반적인 관점에서 볼 때 트럼프 지지자들 절반은 개탄
> 할 만한 집단이다. 그들은 인종과 성차별주의자이고 동성애,
> 외국인, 이슬람 혐오 성향을 띠고 있다. 유감스럽게도 트럼프
> 가 그들을 부추기고 있다.

그렇다. 클린턴은 트럼프를 "성차별주의자"라고 증오의 범주에 넣
어 비판하고 있다. 그러자 당연히 트럼프는 이렇게 반발하고 있다.

> 클린턴이 나의 지지자들, 열심히 일하고 있는 훌륭한 수백만
> 명의 사람들을 심각하게 모욕했다. 클린턴은 앞으로의 여론조
> 사에서 이번 발언에 대한 대가를 치를 것이다.

여기서 "심각하게 모욕했다"라는 말은 바로 클린턴이 자기 캠프
를 "증오의 범주"에 넣었다는 뜻이다. 하지만 이 논쟁에서 누가 이겼
다고 생각하는가? 그것은 바로 클린턴 측이다. 왜냐하면 상대를 증
오의 범주에 넣음으로써 상대에 대한 나쁜 이미지와 그런 이미지에
대해 우리는 이미 알고 있고 그런 이미지에는 어떤 진리도 없다는
것을 공표하는 효과를 얻기 때문이다. 트럼프는 워싱턴 메이플라워
호텔에서 한 연설에서 '미국 우선주의'로 명명한 자신의 외교정책을
발표했다.

미국을 다시 위대하게 만들겠다, 미국이 다시 존경받게 만들겠
다, 유럽, 중동, 아시아의 동맹국들이 적정한 방위비를 분담하지
않을 경우 스스로를 방어하도록 할 것이다.

그러자 언론들은 한목소리로 "당신은 철저한 고립주의자이시군
요"라고 응대했다. 브리지트 바르도는 한국에서 개고기 식용에 대
해 철저한 비판을 가하고 있다.

오직 한국에서만 인간의 친구인 개를 먹는데 이것은 굉장히 야
만적인 행태입니다.

이때 우리가 그에게 대응할 수 있는 방법은 "당신은 동물보호가
로 위장한 인종차별주의자시군요"라는 증오의 범주에 포함시키면
된다. 친구와의 논쟁에서도 우리는 쉽게 이 방법을 쓸 수 있다. 물론
그와 등지는 일을 감수해야 할 것이다.

나: 가난한 사람들은 도와주는 것이 좋지.

친구: 난 그렇게 생각하지 않아. 그들은 게을렀기 때문에 가난한 것이고 도와주면 또 게을러지지.

나: 너무 자신만 생각하는 것이 아닌가?

친구: 누구나 자신을 먼저 생각하지!

나: 너는 이기주의자구나.

보기 좋게 내가 친구를 증오의 카테고리에 포함시킴으로 논쟁에서 승리한 것이다. 내가 질 경우도 있다.

나: 대체로 외모가 좋은 사람이 취업 잘 되는 것은 분명해.

친구: 그렇지 않아. 실력이 있으면 외모가 뛰어나지 않아도 취업 잘해. 탤런트 전원주 아줌마 보라고.

나: 그건 극소수에 불과하고 대체로 그렇다는 거지.

친구: 너는 외모지상주의구나.

이러한 사례는 얼마든지 많다.

남자: 저기 김 여사 맞지? 저거 좀 봐. 오른쪽 깜빡이 넣고 좌회전하잖아.

여자: 당신은 남성우월주의자이구만.

31

이론상으로는 옳지만
실제로는 거짓이라고 말하라

독일의 철학자 임마누엘 칸트는 「거짓말 할 권리」에서 정언명법의 구체적인 사례를 든다. 이것은 이미 우리가 익히 들어온 것이다. "내 집에 한 친구가 숨었고, 강도가 나타나 나에게 그 친구의 행방을 묻는다. 이때 나는 침묵할 수 없는 상황에 놓인다. 여기서 제기되는 물음은 내가 그 강도에게 거짓말할 권리를 가지는가 하는 것이다." 이 질문에 대한 칸트의 대답은 단호하다. 칸트는 "거짓말할 권리란 어떤 경우에도 허용되지 않는다"고 주장한다. 즉 그에게 있어서 불가피한 상황에서 진실을 말하는 것은 그로 말미암아 생겨날지 모르는 많은 불이익에도 불구하고 모든 사람에게 요구되는 형식적 의무이다. 칸트는 이렇게 말한다. "(거짓말은) 내가, 나에게 부당하게 말하도록 강요하는, 그에게 잘못을 행한 것은 아니라 하더라도 … 이것은 인류 일반에게 행해진 하나의 잘못ein Unrecht이다."

상대가 칸트의 주장처럼 어떤 반박할 수 없는 주장을 하거든 "그것은 이론상으로는 옳은 일입니다. 그러나 실제로는 거짓입니다"라고 대답하라고 쇼펜하우어는 가르친다. 이런 변증을 통해 우리는 상대의 논지를 인정하면서도 그 결론은 부정한다. 그러나 이런 방법은 "근거를 바탕으로 하여 나오는 결론은 당연히 참이다"라는 논리적 규칙과 모순된다. 그러므로 이런 논쟁의 방법은 사실 옳지 않다. 왜냐하면 어떤 것이 이론에서 옳다면 실제에서도 옳아야 하기 때문이다. 반면 그것이 실제로 옳지 않다면 이론상으로 무엇인가 잘못되었든 아니면 어떤 것을 간과하였든 어떤 것을 고려하지 않았기 때문이다. 그러므로 그것은 애당초 이론상으로도 잘못된 것이다.

"아빠, 내일부터는 일찍 일어날게요"라고 아들이 말하지만 나는 "그것은 이론상으로 가능하지만 실제로는 안 될걸"하고 말한다. 아들은 기분이 나빠진다. 왜냐하면 아직 이루어진 일이 아니기 때문이다. 어떤 사람이 성관계를 자주 하면 건강에 좋지 않다고 말한다면, 당신은 이렇게 말하면 된다. '실제로 성관계를 자주 안하시나 봐요. 그게 얼마나 힘든데… 이론상으로는 그렇지만 실제로는 그렇지 않아요'라고 대답하면 된다. 물론 반대의 경우도 마찬가지다. 어떤 사람이 열심히 하면 결과가 좋다고 주장할 때도 마찬가지로 이렇게 소리치면 된다. "그것은 이론상으로는 옳은 일이지만 실제로는 거짓입니다."

우리 할머니는 어린 손자인 나에게 늘 이렇게 말씀하셨다. 얘야, 저 오늘 태어난 송아지를 봐라. 너 저 송아지 들 수 있지? 네, 하고 나는 대답한다. 네가 저 송아지를 매일 들어 올릴 수 있다면 나중에 저 송아지가 큰 황소가 되어도 너는 그것을 들 수 있을 거야. 할머니, 그것은 이론상으로는 그렇지만 실제로는 그렇게 되지 않아요. 나는 어릴 때 그렇게 반박을 한 적이 있다. 이 경우는 분명하게 불가능하다는 것을 알지만 실제로 가능한 일이라도 불가능하다고 말하면 그렇게 믿게 된다.

32

상대가 피하는 것은 상대의 약점이니
그것을 몰아붙여라

아이를 키우다 보면 아이가 둘러대거나 거짓말을 하는 경우를 종종 본다. 물론 교육적 관점에서야 속아 넘어가 주는 것도 좋은 일일 것이다. 그러나 상대를 제압하는 것이 목적인 논쟁에서는 상대가 자꾸 감추려는 것을 좋은 기회로 삼아야 한다. 성적표가 올 때 됐는데 아무리 물어도 엉뚱한 대답만 하는 아이, 월급이 얼마 들어왔냐고 묻는 아내에게 직접적인 대답을 하지 않고 관계가 없는 다른 사안으로 회피하려는 남편 모두 이런 범주에 속한다. 지난 19대 대선 2차 토론 때 유승민 후보는 문재인 후보에게 이렇게 묻는다.

유승민: 문재인 후보님께 묻습니다. 북한이 주적입니까? 북한이 우리의 주적입니까?

이를 듣고 있던 문재인 후보는 이렇게 대답한다.

> 문재인: 아 그런 규정은 대통령으로서 할 이야기는 아니라고 생
> 각합니다.

그러나 유승민 후보는 문재인 후보가 대답을 회피하려는 것을 보
고 이것이 약점이라는 것을 눈치채고 계속 몰아붙인다.

> 유승민: 아이, 아직 대통령 안 되셨으니까, 지금 어떻게 생각하십
> 니까?

문재인 후보는 다시 이렇게 사안과 관계가 없는 것으로 피하면서
논쟁을 이어간다.

> 문재인: 대통령이 될 사람이죠. 대통령은 앞으로 남북관계를 풀
> 어 가야 할 사람이죠.

그러나 유승민 후보는 상대의 약점으로 건드렸다고 판단하고 더
욱 세차게 몰아간다.

> 유승민: 아니 대통령 되시기 전에 우리나라 국방부 국방백서에
> 북한군은 우리 주적이라 나오는데.

> 문재인: 국방부로선 할 얘기죠. 그러나 대통령으로선 할 이야기
> 가 아니라고 생각합니다.
>
> 유승민: 아니 대한민국 공식 문서에 북한군이 주적이라고 나오는
> 데 대한민국 국군통수권자가 북한을 주적이라, 주적을
> 주적이라 말 못 합니까? 이게 말이 됩니까?
>
> 문재인: 저는 제 입장을 밝혔습니다.
>
> 유승민: 주적이라고 말씀 못 하시는 겁니까?
>
> 문재인: 제 생각은 그러합니다.
>
> 유승민: 주적이라고 말 못 하시는 거죠!
>
> 문재인: 대통령 될 사람이 해야 할 발언은 아니라고 생각
> 합니다.

유승민 후보는 문재인 후보의 안보관에 약점이 있다는 것을 부각시키기 위해 북한이 주적이냐는 질문을 7번씩이나 집요하게 묻는다. 이 논쟁 이후 문재인 후보의 발언은 큰 문제가 되었고 지지율에도 영향을 미쳤다. 유승민 후보는 상대가 피하는 약점을 몰아붙여 논쟁에서 승리한 것이다. 이 전술은 상대의 약점인 것을 의식한 경우에도 통하지만 그 약점이 무엇인지를 모르는 경우에도 통한다.

최순실 국정농단사태도 따지고 보면 박근혜 전 대통령이 항상 피하려는 최태민과의 관계를 약점으로 보고 끝까지 물고 늘어지다가 최순실과의 고리를 찾아낸 것이다. 이상호 기자 또한 서해순 씨에

대해 고 김광석 씨의 타살의혹을 제기하고, 영아살해 혐의와 딸 서연 양 유기치사 등에 대해 의혹을 제기했지만 상대가 아무런 대응을 하지 않자 의혹을 제기하고 영화까지 만들었다. 이 사건의 결론에 대해 우리는 관심이 없다. 다만 상대가 피하는 것이 곧 약점이기에 상대가 공격할 여지를 준다는 논쟁의 전술을 말하고자 함이다.

9

논쟁을
끝내는
방법들

33

동기를 통해
의지에 호소하라

프랑스 의회에서 사형 제도를 논의했을 때 벌어진 사건을 우리는 기억하지 않을 수 없다. 한 의원이 사형 제도를 폐지해야 한다고 열변을 토하자, 우레 같은 박수갈채를 받았다. 그때 청중석에서 갑자기 이런 소리가 터져 나왔다. "우선 살인자들부터 그 동의에 재청하시오!Que messieurs les assassins commencent!" 이 방법은 상대의 주장에 대해 자신의 근거를 대면서 이성적으로 말하는 대신 상대의 이해관계가 걸려 있는 사항을 들먹이면서 상대의 감정을 변화시키는 방법이다. 살인자가 아닌 이상 이 동의에 재청할 리가 없다. 이렇게 되면 그 의원은 두말없이 그의 의견을 철회할 것이다. 다시 말해 상대의 주장이 증명될 경우, 상대가 손해를 입을 경우를 주장하라는 뜻이다.

> **A의원:** 국방은 굉장히 중요한 사안입니다. 사드는 당장 도입되
> 어야 합니다.
>
> **나:** 저도 그렇게 생각합니다. 하지만 그것을 배치하려고 한다
> 면 주민들이 반대하지 않을까요?
>
> **A의원:** 국방을 생각한다면 누구든 감수해야 한다고 봅니다.
>
> **나:** 그렇다면 의원님 지역구에 사드가 배치되도록 하면 되겠
> 네요.

이렇게 되면 A의원도 더 이상 자신의 주장을 밀고 나가지 못한
다는 것이 쇼펜하우어의 견해다. 그것은 나의 견해가 어처구니없는
것일지라도(다시 말해 사드 배치가 의미 없는 일일 경우에도) 마찬가지다.
이성으로 백번 설명을 구하는 것보다 한 번 상대의 이해관계에 호소
하는 것이 낫기 때문이다. 이는, 어떤 성직자가 철학적 도그마를 옹
호할 경우에도 마찬가지이다.

> **성직자:** 그런 흉악범은 사회에서 격리시켜야 합니다.
>
> **나:** 그럼 사형에 처하여야 한다는 말입니까?
>
> **성직자:** 그렇습니다.
>
> **나:** 저 또한 그런 흉악범에 대해 조금도 동정심이 없습니다. 그
> 러나 성경에는 원수도 사랑하라고 하지 않았습니까?

이 경우, 성직자의 주장이 타당하다. 그러나 그 성직자가 속한 교회가 표방하는 근본교리와 간접적으로 배치된다는 것을 알려 주면 그 성직자는 자기가 주장한 것을 취소할 것이다. 그러면서 속으로 흉악범에 대해 자기가 얼마나 경솔하게 생각했는지 반성할 것이다. 마이클 샌델이 『정의란 무엇인가』에서 제시한 선로 위의 인부에 대해서도 마찬가지다.

> **상대:** 선로 위에서 브레이크가 고장 난 전차를 타고 가는 기관사가 눈앞에 다섯 명의 인부가 일하는 것을 보자, 한 사람의 인부가 일을 하고 있는 오른쪽으로 당연히 운전대를 돌려야 합니다.

라고 주장한다면 나는 이렇게 주장하여야 한다. "만약 그 인부가 당신의 아버지라면 어떻게 하시겠습니까?" 그러면 상대는 꼼짝없이 나의 주장에 굴복하고 말 것이다. 문재인 대통령은 첫 번째 총리 후보로 호남 출신 이낙연 전남 지사를 지명하였다. 그러나 이 후보가 대통령이 제시한 5대 척결 비리 중 하나인 위장전입이라는 문제를 안고 있었다. 그러자 국민의당은 이를 빌미로 총리 후보 인준을 부정적으로 보았다. 이때 더불어민주당 또는 문재인 정부는 이렇게 말하면 된다. '그렇게 하십시오(낙마시키십시오)! 그러면 다음 총선 때

전라도 민심이 결코 국민의당에 우호적이지는 않을 것입니다.' 결국 국민의당은 총리 후보 인준을 당론으로 채택하고 만다. 동기에 호소하는 일은 청중들이 더불어민주당 소속 당원이 아니더라도 상관이 없다. 왜냐하면 이런 이해관계의 법칙은 누구나가 순수하게 확신할 수 있는 일이기 때문이다. 쇼펜하우어는 이 방법을 '유용성을 통한 논증'이라고 하는데 그의 철학적 소신에서 나온 견해이기도 하다.

쇼펜하우어는 자신의 주저라고 할 수 있는 『의지와 표상으로서의 세계』에서 표상의 세계와 의지의 세계를 구분하고 있다. 표상세계란 그에 따르면 인식주체의 충분근거율로 만들어진 눈앞에 보이는 세계일 뿐이다. 그러나 인간을 지배하고 있는 것은 근거율이 없는 눈에 보이지 않는 의지의 세계이다. 그러니까 쇼펜하우어가 보는 세계란 도처에서 필연적으로 그 모습을 드러내는 동기와 의지의 세계이며, 자신의 앞의 철학은 모두 이 의지의 세계를 무시한 것이다. 표상의 철학은 인간이 "자신의 개별적 행동에서도 자신을 전적으로 자유롭다고 간주"[30]하고 자신을 바꿀 수 있는 것으로 여기지만 실상은 그렇지 않다는 것이다. 인간은 태어나서 죽을 때까지 반성하고 결심하지만 자신의 행동을(의지로서의 세계를) 변화시킬 수 없다. 사실 인간은 다른 사람과 구별되는 자기 자신의 성격이나 유전적인 특성은 말할 것도 없고, 다른 사람과 공통적인 욕망이나 욕동, 욕구 등에

30 아르투어 쇼펜하우어, 『의지와 표상으로서의 세계』, 홍성광 옮김, 을유문화사, 2015, 206쪽.

서 조금도 벗어날 수 없다는 것이 쇼펜하우어의 생각이다. 그는 인간의 이런 특성을 좀 더 적극적으로 동물과 비교한다. "알을 낳기 위해 둥지를 짓는 생후 일 년 된 새는 그 알에 대한 아무런 표상을 갖고 있지 않다."[31]

우리가 이 책의 주장, 즉 논쟁술을 정당화하기 위해 너무 재미없는 그의 철학을 자꾸 인용할 필요도 없다. 의지와 표상으로서의 세계에는 그런 사례들이 많고도 많다. 그 대신 우리의 삶을 돌아보는 편이 훨씬 낫다. 어차피 표상의 세계란 의지의 세계를 인정하지 않는 자들에겐 궤변에 불과한 거니까.

> **남친:** 야… 너 약속시간 깨는 거냐?
>
> **여친:** 정말 미안해. 내가 너라도 화가 많이 날 것 같아. 나 오늘 휴대폰을 안 가져와서 연락을 못 했어. 공중전화도 가 봤는데 동전도 마침 없었어. 그래도 나 항상 너와의 약속을 소중히 생각하고 너를 정말로 중요하게 생각하는 사람인 거 너도 알지?

이 경우를 보면 어떤 경우라도 충분근거율이 작동하는 표상의 세

31 같은 책, 207쪽.

계로 세상이 돌아가지 않는다는 사실이 너무 분명하다. 남친은 틀림없이 여친이 다른 이유로 인해 약속을 지키지 않았다고 생각하지만 그것을 다 물을 수도 없고 묻는다 하여 여친이 대답하지도 않는다. 정말 기분이 나쁠 것이다. 그러나 여친은 자신의 잘못된 행위를 사실이라는 차원에서 논리적으로 설명하는 대신 감정에 호소하였다. 그러면 남친은 여친으로부터 자신이 듣고 싶은 것, 즉 늦은 이유와 보상, 재발 방지는 상관없이 논쟁이 흘러가기에 이에 대해 속수무책일 것이다.

어디 그뿐인가? 박근혜 전 대통령은 재임 시 사드 배치에 대해 정면 돌파를 선언했다. 처음으로 연 국무회의에서 사드 배치 문제를 대통령은 집중 거론하고 나섰다. 그리고 그는 사드 배치가 결정된 경북 성주 민심을 청취하겠다는 뜻을 밝혔다. 이를 설명하며 박 전 대통령은 "저도 가슴 시릴 만큼 아프게 부모님을 잃었다"고 말함으로써 이성적인 표상의 세계와 아무 관련없는 이야기를 하며 의지의 세계에 호소하였다.

34

의미 없는 장황설을 쏟아 내라

셰익스피어 희곡을 이해하는 것은 매우 힘들다. 특히나 『맥베스 *Macbeth*』의 대사들을 읽다 보면 왜 맥베스가 저리도 어려운 말을 계속 장황하게 늘어놓는지 이해하기 힘들다. 가히 셰익스피어 울렁증이라고 할 정도로 대사가 지겹고 난해하고 길다. 셰익스피어의 작품은 이미 그가 생존해 있던 시기에도 어렵다고 정평이 나 있었다. 셰익스피어의 라이벌이었던 벤 존슨도 "『맥베스』의 번잡스러운 대사는 도저히 알아들을 수 없다"고 불평한 바 있다. 하지만 우리가 문학적 언어가 있는 그대로의, 현학적인 표현 그대로의 의미를 전달하려는 것이 아니라 어떤 내면적인 것을 표현하려는 것임을 고려할 때 맥베스의 치열한 독백은 그 내용 자체로 이해하려 하기보다는 맥베스의 무의식, 불안 등을 보여 주기 위해 셰익스피어가 의도적으로 어렵게 썼다는 사실을 알아야 한다.

『맥베스』의 난삽한 대사는 도덕적 파멸을 향해 나아가는, 불안에 떨며 극도로 흥분한 맥베스의 심리를 잘 표현하기 위한 수단이라 보면 된다. 그러므로 일반 관객들이 그의 말을 다 잘 알아듣지 못한다 하더라도, 배우가 감정 연기만 잘 한다면 대사의 뜻이 정확히 전달되지 않더라도 맥베스의 심리상태에 충분히 공감할 수 있다. 갑자기 셰익스피어의 『맥베스』를 언급하는 것은 바로 이런 정황이 논쟁에서도 이용될 수 있기 때문이다. "의미 없는 장황설을 쏟아 내 상대를 어처구니없고 당황하게 하라." 이것이 쇼펜하우어가 보여주는 논쟁의 비밀이다. 상대가 나의 약점을 알고 있다면, 우리는 허튼소리를 아주 진지한 태도로 떠벌리고 또 그것을 마치 우리 견해가 명백하다는 증거인 것처럼 내세움으로써 그의 생각을 지워 버릴 수 있다.

가령 상대가(부모나 친구가) 나(또는 내가 결혼하려는 사람)의 약점을 깊이 알고 그에 대한 반대의 논리를 펴 나간다면 이 방법을 사용할 수밖에 없다.

나: 친구야, 와이프가 있는데, 착한 와이프가 있는데 바람을 피운다는 것은 좀 아니지 않냐? 너 그거 불륜이라고 하는 거야.

친구: 친구야…넌 사랑이 무엇이라고 생각해? 사랑을 정의할 수 있어? 사랑이 이론적으로 설명하고 이해할 수 있는 거냐고? 그렇다면 이 세상에 사랑은 존재하지도 않아. 도덕과 불륜만 있지. 자넨 몰라. 사랑에 빠져 보지 못한 사람은 모

른다고. 그것이 그냥 바람처럼 휙 다가온다는 것을… 도대체 사랑이란 사랑하느냐 아니냐 하는 거지… 도대체 불륜이라는 것이 뭐야? 그건 단지 사회가 우리를 옭아매고 처벌하려고 만든 도구에 불과하다고. 단지 결혼했다는 이유로 아무런 사랑도 없는 삶을 살라고? 단지 결혼했다는 이유로 더 이상 어느 누구도 사랑을 하지 말라고? 사실 나는 와이프도 사랑한다고. 그리고 지금 만나는 사람도 사랑하고. 그 사랑의 색채와 의미만 다를 뿐 모두 사랑이라고. 넌 사랑이 뭐라고 생각해? 사랑을 정의할 수 있어? 나도 사실 사랑이 뭔지 모르겠어. 그냥 어느 날 포획된 느낌? 그냥 사로잡힌 느낌? 내가 어떻게 할 수도 없는 그럼 힘에 사로잡힌 느낌….

여기서 친구는 자신의 불륜 사실(논쟁의 초점)을 피해 가기 위해 그것과는 아무런 상관이 없는 사랑과 감정에 대한 장황설을 쏟아 놓는다. 괴테의 『파우스트』에서 쇼펜하우어는 다음과 같은 말을 인용하면서 사람들이 잘 믿는 습성을 꼬집었다.

일반적으로 사람들은 아무 말이나 들어도
그 안에 생각할 그 무엇이 틀림없이 있다고 믿지요.[32]

의미 없는 장황설을 쏟아 내라

괴테가 여기에서 말하고자 하는 것은 사람들은 잘 이해하지 못하더라도 그 안에 무엇인가 있다고 생각하는 습성이 있다는 뜻이다. 부부싸움을 하는데 어느 한쪽이 울면서 장황설로 호소한다 치면 우리는 누구의 잘잘못을 떠나 그 우는 사람이 오죽하면 그렇게 울겠느냐는 마음을 갖게 된다. 2015년 11월쯤 아이유의 최신 앨범 「CHAT-SHIRE」의 수록곡 「제제」가 제제를 교활하고 더러운 아이라고 묘사한 부분이 있어 문제가 제기됐다. 또한 앨범 재킷에 제제로 추측되는 어린아이가 핀업걸 자세를 취하고 스타킹을 신고 있는 그림이 그려져 있어 아동성애적인 문제로 논란이 됐다. 그러자 아이유는 이렇게 장황한 말을 하기 시작한다.

안녕하세요. 아이유입니다. 최근 제 가사에 대하여 많은 의견이 오가고 있다는 걸 알고 있었음에도 용기를 내기까지 시간이 생각보다 많이 걸렸습니다. 늦어서 죄송합니다. 제 가사로 인해 마음에 상처를 입으신 분들께 진심으로 죄송합니다. 저의 이번 음반 「CHAT-SHIRE」는 스물세 살 아이유에게 일어나고 보이는 일들과 생각들을 기반에 두고 소설 속 캐릭터들을 대입해 만든 곡들로 채워져 있습니다. 「제제」도 그중 하나입니다. 『나의 라임오렌지나무』는 저에게도 정말 소중한 소설입니다. 저는 맹세코 다섯 살 어린아이를 성적 대상화하려는

논쟁을 끝내는 방법들

의도로 가사를 쓰지 않았습니다. 가사 속 제제는 소설 내용의 모티브만을 차용한 제3의 인물입니다. 하지만 제 음악을 들으신 많은 분들의 말씀을 듣고 제 가사가 충분히 불쾌한 내용으로 들릴 수 있다는 것과, 그 결과 많은 분들의 마음에 상처를 입혀 드리게 되었다는 것을 알게 되었습니다. 전적으로 제가 작사가로서 미숙했던 탓입니다. 한 인터뷰에서 제가 한 말에 대해서도 많은 분들께서 놀라신 것으로 압니다. 저는 그 인터뷰에서 "어린 제제에게 하는 말이 아니라, 제제가 가진 성질이 섹시하다고 느꼈다"고 말했습니다. 다섯 살 어린이가 아닌 양면성이라는 "성질"에 대하여 이야기했습니다. 하지만 이 역시 어린이가 언급된 문장에서 굳이 "섹시하다"는 단어를 사용함으로써 오해를 야기한 저의 불찰입니다. … 그러다 보니 실수가 많았습니다. 그 결과로 상처 입으신 분들과 저에게 실망하신 분들께 다시 한 번 머리 숙여 사과드립니다. 반성하고 노력해서 반드시 더 성숙한 모습을 보여 드리는 아이유가 되겠습니다. 죄송합니다.[33]

실제로 무슨 말을 하려는지 모를 정도로 장황설을 쏟아 내고 있다. 그러자 문제를 제기한 출판사 측과 아이유를 옹호하는 비평가가 서로 대립각을 세우기 시작했고, 작품의 왜곡인가 예술의 자유

33 2015년 11월 10일 네이버 뉴스.

인가에 대한 논쟁이 불붙기 시작했다. 그러나 정작 아이유가 뭘 잘못했다는 것인지는 불분명하다. 따지고 보면 실제로 잘못한 것도 없다.

이것은 연인들 사이에서 꼭 뭐라고 말할 수 없는 감정을 표현하기 위해 사용될 때도 있다. 우리가 잘 아는 영화 「건축학개론」에서 서연(한가인 분)은 실로 오랜만에 좋아했던 승민(엄태웅 분)을 찾아가 자기가 살 집의 건축(증축)을 부탁한다. 그런 과정에서 둘은 과거 그들이 어떻게 좋아하다가 헤어져서 각기 살아왔는지 이야기하게 된다. 그 과정에서 자신의 과거를 우연히 알게 된 승민에게 화를 내다가 같이 횟집에 가서 같이 소주를 한잔 하며 과거를 모두 털어놓게 된다.

서연: 아으. 집 설계 맡기니까 별게 다 뽀록나네. … 그렇다고 처음부터 거짓말한 건 아니고… 계속 별거중이다가 지난 달에 도장 찍었어. 아득바득 버티다가 겨우 들어 줬지.

승민: 버티긴 왜 버텨?

서연: 야, 그럼 난 뭐 먹고 사냐? 그리고 변호사가 그러더라. 더 많이 버틸수록 더 많이 받을 수 있다고. 그렇게 버틴 덕에 여기 이렇게 집도 짓는 거구. 나 열라 치사하지? 진짜 쌍년이지? 그래도 어쩔 수 없다 그게 세상의 이치니까… 사는 게 다 그렇지 뭐….

종업원: (냄비를 들고 오며) 매운탕 나왔습니다. 지금 드셔야 돼요.

승민: (가스버너에 불을 켠다.)

서연: 매운탕… 이름 이상하지 않냐? 아니 알이 들어가면 알탕이고 갈비가 들어가면 갈비탕인데 이건 그냥 매운탕… 탕인데 맵다. 그게 끝이잖아. 안에 뭐가 들어가도 그냥 다 매운탕… 맘에 안 들어.

승민: 그럼 지리를 시킬 걸 그랬나?

서연: 그냥… 나 사는 게 매운탕 같아서….

서연이가 "매운탕"에 대한 장황설을 쏟아 놓는 것은 승민이가 지리를 시키지 않아서 그런 게 아니다. 아마도 감독은 관객들이 이 장황설에 서연이의 내면이 들어 있으니 찾아보라는 뜻이었을 게다. 서연이가 매운탕을 보며 즉흥적으로 한 이 장황설은 뭐라고 꼭 규정할 수 없지만 어떤 뜻을 함축하고 있는 것 같다. 말하자면 승민과 얽힌 사랑과 이별, 재회, 그리고 남편과 살면서 겪은 고통 등을 말이다.

35

상대에게 불리한 증거를 반박하면
사안을 반박한 것이다

우리는 이솝 우화 「양치기 소년」 이야기를 잘 안다. 양을 치는 소년이 심심풀이로 "늑대가 나타났다!"라고 거짓말을 하고 장난을 친다. 그 동네 사람들은 곡괭이와 무기를 가지고 찾아오지만 헛수고로 끝난다. 소년은 그 이후에도 반복해서 거짓말을 했기 때문에, 정말로 늑대가 나타났을 때 어른들은 그 소년의 말을 믿지 않았고, 아무도 도우러 가지 않았다. 늑대가 나타났다고 아무리 주장을 해 봤자 단 한 번의 증거로 거짓말을 했다는 것만으로도 우리는 상대의 주장을 물리칠 수 있다. 이것이 하나의 사례로 상대의 주장을 물리치는 방법이다.

상대가 아무리 논쟁의 사안에 정당성을 갖고 있다 해도 그에 대한 단 하나의 나쁜 증거만 대도, 상대의 주장을 쉽게 반박할 수 있다. 상대의 행위 하나만 반박해도 우리는 그의 주장 전체 전체를 반박한 것 같은 효과를 거둘 수 있다. 근본적으로 이것은 대인 논쟁으로서 대 사안 논증이 되는 것과 같은 효과를 얻을 수 있다. 이때 상대나 그 주위사람들에게 올바른 증거가 떠오르지 않는 한 우리는 승리한 것이다. 예를 들어 어떤 사람이 신(엘로힘, 야훼, 하나님)이 존재한다고 주장할 경우, 그리고 그 신이 천지를 창조하였다고 주장할 경우, 그것이 고작 성경에서 보듯이 6,000년 정도 된다고 여겨질 경우, 우리는 6,000년 이전에 인간이 이미 존재했다는 고고학적 주장을 들이대기만 하더라도 우리는 논쟁에서 이길 수 있다.

신의 존재를 증명하기 위해 너무나 쉽게 반박할 수 있는 존재론적 증명을 제시할 경우, 이것은 쉽게 반박할 수 있다. 이것은 마치 형편없는 변호사들이 유리한 소송에서 패배하는 경우와 같다. 그들은 소송에 맞지도 않는 법률로 그 의뢰인을 변호하는데, 그것은 적절한 법률이 머리에 떠오르지 않기 때문이다. 교회를 나가지 않는 사람에게, 하나님은 모두를 사랑하고 우리의 고통을 덜어 준다, 그러니 교회에 나와 보라고 말하는 기독교인에게 "그러면 찢어지게 가난한 사람들은 하나님의 사랑을 받지 못해서 그렇게 고통을 당하고 있는 것인가. 그렇다면 하나님은 차별적인 사랑을 베푸는 존재인가. 그런 차별을 행하는 하나님을 믿고 싶지 않다"고 하면 된다.

박근혜 정부 때 청와대는 비아그라 360정 구입에 대한 사실이 알려지자 고산병 치료제로 쓴다는 변명을 했다. 하지만 과거에 "고산병이 없다"고 말한 적이 있는 박 전 대통령으로서는 스스로의 발목을 잡은 셈이다.[34] 상대는 박 전 대통령이 스스로 고산병이 없다고 말한 사실 하나만 제시하면 된다. 고산병은 보통 해발 3,000m를 넘을 때부터 증상이 나타난다는 것을 말하면, 2015년 4월 순방 당시에는 중남미 순방의 첫 번째 국가인 콜롬비아의 수도 보고타는 해발 2,640m에 위치해 있었으며, 지난 2016년 5월에 방문한 에티오피아, 우간다, 케냐또한 고산병을 우려할 만한 곳이 아니다. 이러한 점은 상대에게 불리한 증거이며 동시에 정당성이 있는 증거이다. 우리는 증거 하나만 대면 사안 자체를 반박한 것과 같은 효과를 거둘 수 있다.

앞에서 학과 폐과와 관련된 문제를 많이 언급하였다. 어느 날 이와 관련하여 교무처장은 우리를 설득하려 학과의 교수들을 불렀다. 그러던 중 우리와 비슷한 운명을 가진 모 학과의 한 교수님이 자기의 상황을 이야기하다가 그만 실언을 한다.

교수: 폐과하라고 자꾸 종용하여 힘들게 하지 마십시오. 그러잖아도 매 학기마다 학생 수가 적어서 강의를 개설하는 데 힘들어 죽겠습니다.

교무처장: 그렇죠. 그래서 제가 폐과해야 한다고 말하는 겁니다!

---

34 연합뉴스 2015년 4월 25일 보도에 따르면 과거 박 대통령은 스스로 자신의 체질이 고산병과 무관하다는 이야기를 내놓았다고 한다.

교무처장은 우리에게 불리한 증거를 이용하여 바로 우리를 공격한 것이다. 동시에 그는 '폐과해야 한다/아니다'라는 논쟁에서 우리를 이긴 것이다.

36

인신공격을 하라

이 전술은 논쟁의 최후의 수단으로서 이미 앞의 전술 7, 즉 통진 당 전 국회의원이었던 이정희 의원의 사례에서 다뤘던 적이 있다. 화나게 하는 것을 넘어 인신공격을 감행하는 것이다. 이 전술은 이미 경기에서 패배할 것 같으면 상대에게 흠집을 내어 다음 기회를 도모하는 것과 같은 이치이다. 이런 전술은 인간이 더 이상 이성적인 존재가 아니라 야성적인 동물적 존재로 전락하는 전술이다. 말하자면 악마의 전술인 것이다. 우선 모욕과 무례, 인신공격이 이에 속한다. 물론 살해 위협이나 살인 행위 같은 것도 여기에 속한다. 우리는 지난 번 미국 대선후보들이 벌인 인신공격의 진면모를 보았다.

> **트럼프:** 대통령이 되려면 강한 체력이 필요한데 힐러리는 스태미
> 너도 없고 대통령이 될 얼굴도 아니다.
>
> **힐러리:** 트럼프는 과거 여성을 돼지, 굼벵이, 개로 불렀다.

지난 번 프랑스 대선 때도 예외는 아니다. 극우정당인 프랑스 국민전선의 당수 마리 르 펜이 토론회 때 마크롱을 인신공격적으로 비난한다.

> **르 펜:** 유로화 대신 프랑화를 재도입하겠습니다.
>
> **마크롱:** 르 펜은 금융과 기업이 어떻게 운용되는지 이해조차 못
> 하고 있습니다.
>
> **르 펜:** 교사와 학생 놀이를 하자는 것 같은데 관심 없습니다.

마크롱이 르 펜이야말로 금융과 기업에 대한 지식이 부족하다는 점을 공격하였지만 르펜은 25세 연상이자 교사 출신인 마크롱의 부인을 두고 인신공격을 하는 것이다. 금융과 기업에 관한 논쟁과는 아무런 상관이 없다. 이에 대응해 마크롱이 쓸 수 있는 전술은 이렇다.

> **마크롱:** 차라리 히틀러처럼 마르크화를 도입하시지요.

이와 인신공격이라는 카드를 쓰게 되면 싸움이나 결투, 소송으로 이어질 것이 때문에 특별한 방어전술이 필요하다. 상대가 어떻게 나오더라도 열 받지 않고 참는 것이 좋다고 생각하는 것은 오산이다. 오히려 상대가 잘못 판단하고 생각한다는 것을 아주 여유롭게 보여 주는 것이 상대의 인신공격보다 상대를 더 고통스럽게 만들 수 있다. 그렇게 되면 상대는 무엇보다 중요한 허영심에 상처를 입게 된다. 그러므로 마크롱은 앞의 인신공격에 대해 이렇게 맞받아치는 것이 좋다.

> **마크롱:** 놀이할 때 놀이를 하더라도 일단 금융과 기업이 어떻게 돌아가는지 토론부터 합시다.

상대가 인신공격을 할 때 절대로 그에 맞서지 말고, 그렇다고 참고 견디지 말고, 상대가 말한 것은 이 사안과 무관하다고 침착하게 대답하고, 곧장 논쟁의 사안으로 돌아가 상대 주장의 부당함을 보여 주는 것이 좋다. 이것은 마치 테미스토클레스가 에우리비아데스에게 한 말과 흡사하다. 그리스 연합군이 스파르타의 에우리비아데스 사령관의 지휘하에 아르테미시온 해협에서 페르시아 해군을 맞아 승리를 거둔다. 그러나 거의 동시에 치러진 테르모필라이 전투에서는 패했다는 소식이 들려온다. 한편 육지에서는 페르시아군이 아테네까지 침입하여 도시를 파괴한다. 이때 테미스토클레스는 민중들의 마음을 끌어내기 위해 신의 징조와 신탁을 이용한다. 그는 "아테나 신전 깊숙한 곳에 살던 신령스런 뱀이 갑자기 모습을 감추었다"는 얘기와 아테나 신으로부터 "나무로 된 벽을 의지하라"는 신탁을 받았으며, "바다로 가라"고 말했다는 소문을 냈다. 그래서 아테네 시민들은 모두 군함을 타고 살라미스 섬과 트로이젠으로 피신한다. 이런 위급한 상황에서 테미스토클레스의 공적은, 먼저 국외에 추방되었던 아리스티데스를 돌아오게 하는 법안을 통과시킨 일이었다.

시민들은 혹이나 그가 페르시아에 협력해 그리스에 해가 되는 일을 하지 않을까 걱정되기도 했다. 또 스파르타의 에우리비아데스 사령관이 육군이 있는 코린트 해협으로 후퇴하여 닻을 내리려고 했을 때의 일화에서, 테미스토클레스가 반대하자 에우리비아데스는 "올림픽 경기에서는 출발 신호가 나기 전에 달리기 시작한 사람은 채찍으로 맞게 되어 있습니다" 하고 말하며 그의 성급함을 비웃었다. 그러나 동시에 "어물어물하고 있는 사람은 절대 우승할 수가 없소"라고 응수했다고 한다. 그 말에 몹시 화가 난 에우리비아데스는 달려들었으나 테미스토클레스는 침착하게 "치고 싶으면 치시오. 그러나 먼저 들을 말은 들어야지요"라고 말했다. 그러나 아무나 이렇게 말할 수 있는 것은 아니다.

인신공격이라고 하여 욕설과 모욕만 있는 것은 아니다. 2017년 11월 28일 심재철 의원은 국회정론관에서 기자회견을 열어 "문재인 대통령과 임종석 비서실장, 서훈 국정원장과 윤석열 서울 중앙지검장을 법치파괴의 내란죄와 국가기밀누설죄 등으로 형사고발해야 한다"고 주장했다. 이유인즉슨, 그가 보기에 문재인 정부가 진행하고 있는 '적폐청산'이 적합한 법적절차에 따르지 않았다는 것이다. 그러나 합법적이 아니라고 말하면 될 것을 '내란죄'란 이름을 뒤집어씌우는 것은 대통령에 대한 인신공격과 같은 발언이다. 자유한국당으로서는 현 정부와 더 이상 싸울 일이 없다고 생각하고 최후의 수단을 쓴 것 같다.

이런 인신공격은 나도 많이 써먹었음을 시인하지 않을 수 없다. 학과의 세력이 약한 과에서 직무를 수행하다 보니 20여 년 재직하면서 학교 측으로부터 꾸준히 공격을 당하지 않을 수 없었다.

> 총장님, 교무처장님, 제가 이런 말 들추고 싶지 않지만 어쩔 수 없이 말하는 것을 이해해 주십시오. 제가 그간 30여 권의 책과 100여 편의 논문을 쓰는 동안 당신들 보직자들은 프로필에서도 알 수 있듯이 책 한 권 안 쓰고 학교 판공비 갖고 잔머리만 굴리면서 하는 일이라곤 열심히 공부하는 교수 방해하는 쓰레기 같은 존재라고밖에 볼 수가 없습니다. 이런 사람들이 적반하장 격으로 우리를 구조조정하려 들다니 지나가는 개새끼가 웃을 일입니다.

나는 이런 식의 인신공격을 했다가 그들로부터 징계를 받았다. 본

부의 전체 보직자들이 들고 일어나서 온갖 압박을 다 행했다. 나는 이런 일을 벌인 데 대해 후회하지 않는다고 했지만 피해가 너무 컸다. 쇼펜하우어의 말을 추종하고 그에 따라 행한 것까지는 좋았지만 마지막으로 그거 한 가지, 그가 경고한 아리스토텔레스의 말을 유념하지 않았기 때문이다. 쇼펜하우어는 논쟁에 대한 아주 지혜로운 말을 아리스토텔레스의『토피카』마지막 장에서 이렇게 인용한다.

아무하고나 논쟁을 벌이지 말고, 아는 사람과 논쟁을 하라. 결코 불합리한 것을 내세우지 않고 만약 그럴 경우 스스로 부끄러워할 만큼의 오성을 지닌 사람과만 논쟁을 하라. 그리고 명령을 하는 사람이 아니라 근거를 대고 말하는 사람과 논쟁을 하고, 근거에 귀를 기울이고 근거를 살피는 사람과 논쟁을 하라. 종국적으로 진리를 존중하고 비록 논쟁의 적수의 입에서 나온 것일지라도 정당한 근거라면 거기에 기꺼이 귀를 기울일 줄 아는 사람, 또 진실이 상대측에 있으면 자기 의견의 부당함을 인정할 줄 아는 사람과 논쟁을 하라.

이렇게 보면 논쟁할 만한 사람이 백 명 중에서 한 사람 나올까 말까 하다는 결론을 얻을 수 있다. 이런 축에 들지 못하는 사람들에 대해서는 자신들이 말하고 싶은 것을 말하도록, 그들이 인신공격을 하거나 말거나 그냥 내버려 두는 것이 좋다. 내가 그렇게 "쓰레기 같은 존재"라고 말했다면 처음부터 그들과 논쟁을 하지 않았어야 했다. 왜냐하면 무식하게 행동하는 것도 인간의 권리이기 때문이다.

**이겨 놓고
싸우기**